村井早苗 著
Murai Sanae

天皇とキリシタン禁制

—「キリシタンの世紀」における権力闘争の構図—

雄山閣出版

はじめに

二十世紀の世紀末に当たる一九九九年は、一五四九年にイエズス会の宣教師フランシスコ・ザビエルが日本にキリスト教を伝えてから四百五十年目に当たっている。日本におけるキリスト教は、伝来から江戸幕府の弾圧によってほぼ消滅するまでの約百年間と、幕末の開国によって再布教されてからの百年余りの布教の歴史をもつ。

前者の百年間は、「キリシタンの世紀」と呼ばれているが、ちょうど織田信長・豊臣秀吉・徳川家康によって統一政権が成立してくる時期でもあった。キリシタンとはポルトガル語の**Christão**（キリスト教、キリスト教の、キリスト教徒、キリスト教徒の）を語源とし、天文十八（一五四九）年にザビエルが日本にキリスト教を伝えてから、明治六（一八七三）年に明治政府によってキリシタン禁制高札が撤廃されるまでの、日本におけるカトリック教徒を指す歴史用語である。統一政権によってキリスト教が禁止され、排除されていったことはよく知られているが、最初に宣教師が追放されたのは、天皇の綸旨《りんじ》によるものである事実は、あまり知られていないのではないだろうか。

そして、この天皇とキリスト教との関係の問題は、近代以降にキリスト教が、天皇制国家において、どのように自らを位置づけるかについて苦闘したこととも関わってくるのではないだろうか。また、一九八九年一月七日に昭和天皇が死去したが、この前後において一連の自粛の動きがあったことは、まだ記憶に新しい。この時にキリスト教会やミッション・スクールがどのような対応をとったかも検討されなくてはならないだろう。

このように天皇重態・死去という状況のなかで、日常生活においてほとんど気づかされない天皇という存在が人々に重くのしかかってきて、天皇および天皇制の問題が、古くて新しい研究課題であることを再認識させられた。この課題の解明に向けて少しでも前進するためには、各時代における天皇の位置や、その担った役割を明らかにしていく努力が必要だろう。このような努力の一環として、本書では前者の「キリシタンの世紀」における天皇とキリシタンとの関係についてみていきたい。そして、統一政権成立期における天皇・朝廷の位置、その役割を、天皇・朝廷がキリシタンとどのような位置関係をとろうとしたかという側面から検討していこう。

天皇とキリシタン禁制＊「キリシタンの世紀」における権力闘争の構図＊もくじ

天皇とキリシタン禁制

「キリシタンの世紀」における権力闘争の構図

一　ザビエルの来日

来日前に天皇の存在を知っていたザビエル

十六世紀前半、ヨーロッパでは宗教改革の嵐が吹き荒れた。これに対し、カトリック教会の側でも改革が行なわれ、多くの修道会ができた。一五三四年八月十五日、パリのモンマルトルの小聖堂で、イグナティウス・デ・ロヨラら七人の同志が、プロテスタントに対抗しカトリックの発展を図るために修道会を結成した。このイエズス会は、一五四〇年にローマ教皇パウロ三世によって認可され、新天地への布教と教育を志し、教皇への忠誠をその特徴とした。

イエズス会の創立メンバーの一人であるフランシスコ・ザビエルは、一五四一年にポルトガル国王ジョアン三世の後援をうけてリスボンを出発し、翌四二年以降インド布教にあたった。このようにイエズス会の東洋布教は、東洋貿易と同様にポルトガルの東洋進出の一環だったのであり、そのために布教と貿易はポルトガル国王によって分かちがたく結びついており、このことが、後に日本におけるキリスト教布教にもさまざまな影響を与えることになる。そして、一五四七年十二月、ザビエルはマラッカで日本人青年ヤジロウ（アンジロウ）に出会った。

ヤジロウは、永正九、十（一五一二、一三）年頃に鹿児島に生まれたといわれ、ザビエルより数歳若年であった。倭寇上りらしいが、殺人の罪を犯したため、ポルトガル商人ジョルジェ・アルヴァレスの船に逃げ込み出奔した。そして、一五四七年十二月、アルヴァレスの紹介で、たまたまマラッカに来ていたザビエルと運命的な出会いを果たした。こうしてザビエルは、このヤジロウとの邂逅によって、日本への布教を目指すことになったのである。

ヤジロウの才知を愛したザビエルは、翌一五四八年、ヤジロウを日本伝道の役に立つように、ゴアの聖パウロ学院に入学させた。そこで教理教育を受けたヤジロウは、同年五月に受洗してパウロ・デ・サンタ・フェと称した。

聖パウロ学院でヤジロウの指導に当たったのは、院長のニコラオ・ランチロットであった。ザビエルは、このランチロットに日本に関する情報の収集を依頼した。ランチロットは、ヤジロウに日本について質問し、ヤジロウの述べたことを『日本情報』としてまとめた。

しかしヤジロウは、日本の南隅の一介の倭寇上りの貿易商人に過ぎず、漢学や仏教、その他についての素養があったわけではない。またランチロットも、ほとんど日本についての知識がなかった。そのために『日本情報』は、日本の地理・風俗・政治・宗教などあらゆる方面にわたって記されているにもかかわらず、非常に誤謬に充ちた内容であった。けれども、他に情報を持っていなかったザビエルは、このランチロット編『日本情報』に大きな影響を受けて行動することになった。

ザビエルは、来日前の一五四九年一月二十日付で、コーチンよりポルトガルのシモン・ロドリゲス神父に宛てた書簡のなかで「日本へ着きましたら、国王のいるところへ、〔まず第一に〕行こうと決めているからです」と記している。ここでの国王は、天皇を指しているのだが、ザビエルがこのように考えたのは、『日本情報』によって、天皇のいる都、すなわち京都の重要性を認識していたからである。

ランチロット編『日本情報』は四種類あるが、その最初のものは、一五四八年夏頃、ゴアで作成された『第一日本情報第一稿』で、ザビエルの手を経て、時のインド総督ガルシア・デ・サファに提出された。『第一稿』では、天皇について次のように記している。岸野久氏の翻訳によって、少し長くなるが引用しておこう。

第一の王 rey prymcypal は、彼らの言葉でワゥ Vo〔王＝天皇〕と呼ばれている。これは彼らの間で最も有力な血統 casta である。この血統に属する者は他の血統の者と結婚しない。彼らの間で、この王《ワウ》は私たちの教皇 papa のような存在のように思われる。彼〔ワゥ〕は俗人たちおよびこの国にたくさんいる宗教家たちを統轄している。彼〔ワゥ〕はあらゆることに絶対的な権限を持っているが、（彼が述べるところでは）決して誰かを裁くような命令を下さず、あらゆることを、彼らの言葉でゴショ Goxo〔御所＝将軍〕と呼ばれる者に任せている。御所《ゴショ》は私たちの皇帝 emperador のような存在であり、日本全土に命令権、支配権を持っているが、前述の王《ワウ》に服従している。御所《ゴショ》が王《ワウ》を訪問するさいには、（彼が述べるところでは）御所《ゴショ》は膝を床につける。（彼が述べるところでは）もし、御所《ゴショ》が何か悪事を犯すと、王《ワウ》は彼からその領国を奪い、もしそのことが（死に）価することならば、彼の首を斬ることができる。

（中略）

日本の第一の王である王《ワウ》は次のような生活をしている。即ち、唯一の婦人を妻とし、妻との生活はこのようなものである。王《ワウ》は月が満ち始めると断食を始め、満月まで頭に大きな冠をつけ、白い衣服を着て毎日断食する。月が欠け始めると、残りの一五日間妻との生活を再開する。この期間に狩に行ったり、休養したり、娯楽を楽しむ。そしてこの一五日が終ると、前述の宗教的な生活に戻る。（彼が述べるところでは）彼が三〇歳になる前に妻を亡くした場合、彼は再婚できるが、三〇歳を過ぎた場合には再婚できず、貞潔を永遠に守り、宗教的な生活をしなければならない。

もちろん、ヤジロウの天皇についての理解は誤解に充ちているし、神父であるランチロットは、当時のヨーロッパの教皇と皇帝の、キリスト教会にとっての望ましい関係を念頭に置いて、天皇について理解している。そのことを踏まえたうえで、『日本情報』における天皇理解について、次のように言うことができよう。

つまり天皇は、ローマ教皇のように宗教家たちを統轄する教権的存在で、世俗的な支配権は、ヨーロッパにおける皇帝にあたる御所（将軍）が把握している。そして将軍は、天皇に服従している。つまり、王権が教権に従属しているのである。また天皇は、さまざまな禁忌に包まれた生活をしており、それゆえに宗教的存在たりうるのである。

このようにザビエルは、来日前から非常に誤謬に充ちた情報からとはいえ、日本における天皇の存在を知っていたのであり、まず天皇を教化して、それによって日本全国の布教を推進していこうと目論んでいたのである。

さて、一五四九年四月、ザビエル一行はゴアを出発したが、ヤジロウもその一員となった。八月十五日（天文十八年七月二十二日）、ザビエルは、鹿児島に上陸して日本布教を開始した。そしてヤジロウは、ザビエルの通訳および案内役をつとめたのである。なお、その後のヤジロウについては明らかではないが、一説には再び倭寇として活動中に殺害されたといわれている。

ザビエルの「天皇観」の変化

さて、一五四九年八月十五日に鹿児島に上陸したザビエル一行は、まず最初にヤジロウの家に迎えられた。九月二十九日、ヤジロウの斡旋で、ザビエルは、同地の領主島津貴久に謁見し、鹿児島での居住と布教の許可を得た。この時、ヤジロウが通訳をつとめている。鹿児島滞在中にザビエルが島津氏の菩提寺福昌寺の住職禅僧忍室と交わったことは、よく知られている。両者は宗教を異としながらも、信仰について語り合い、親交を重ねた。

同年十一月十五日付でザビエルは、ゴアのイエズス会員とマラッカの長官ドン・ペドロ・ダ・シルヴァに宛て、書簡を認めた。その中で、都には国王や領主がおり、リスボンより大き

聖フランシスコ・ザビエル像（神戸市立博物館蔵）

な町で、学問や宗教の中心であると聞いているが、実際に上京して「体験してから真実を確かめたい」と述べている。

翌一五五〇年、鹿児島を発ったザビエル一行は平戸、山口を経て念願の都、京都に入った。ザビエルが在京したのは、一五五一年一月中旬（天文十九年十二月中旬）から一月下旬（同下旬）にかけてのことだと推定されている。ザビエルが目にした都は、戦乱の渦中にあって荒廃しており、将軍足利義輝は近江に逃れていた。そして、ザビエルが「全日本の最高の国王」と考えていた天皇は、後述するフロイスによれば「なんらの華麗さも威儀もなく古い宮殿の中に引き籠っている」という状態だったのである。

ここに、ザビエルがランチロット編『日本情報』によって形成していた「天皇観」は、大きく訂正されざるをえなくなった。ザビエルは、離日後の一五五二年一月二十九日付で、コーチンよりヨーロッパのイエズス会員に宛てた書簡のなかで、「その後人びとが国王に従っていないという事情が分かりましたので、日本で説教する許可を願うことに、固執するのはあきらめました」と記している。

そこでザビエルは、京都を去って山口に戻り、大内義隆に謁した。これは、ザビエルが日本に滞在するうちに得た知識によって、日本中で最大の君主は山口の大名大内義隆であると、考えたからである。さらに、山口に滞在中に豊後の大名大友義鎮《よししげ》（宗麟）の招きを受け、豊後府内に至った。そして、一五五一年十一月（天文二十年十月）に日本を去り、インドに帰った。さらにザビエルは、中国布教を目指し、翌一五五二年にゴアを出発して広東付近の上川島に上陸したが、熱病にかかって、同地で死去したのである。

このようにザビエルは、天皇による布教許可をあきらめ、有力な戦国大名である大内義隆や大友義鎮に期待を寄せることになる。ザビエルの在日中の天文二十年九月、大内義隆は家臣の

大友義鎮画像（大徳寺瑞峯院蔵）

陶晴賢《すえはるかた》に滅ぼされたが、大内氏の家督は、大友義鎮の弟義長（晴英）が継ぐことが決まった。ザビエルは、大友・大内氏の後援によって、日本布教を推進していこうとした。

このことは、その後の日本におけるキリスト教布教の運命を暗示するものであった。キリスト教は戦国割拠の状況下にあってこそ、受容されることができたのである。後のことになるが、元和七（一六二一）年、キリシタン迫害下にあって日本管区長マテウス・デ・コーロスは、イエズス会総会長ムティオ・ヴィテレスキに宛てた書簡のなかで、日本で再びキリスト教が受けいれられるためには、国内の戦乱によって以前のように領主が割拠するようにならなければならないとしている。

　では何故、戦国割拠の状況下においてこそ、キリスト教は受容されることができたのだろうか。コーロスは、「私たちを受け容れることを望まない領主がいても、ほかに私たちを迎える領主もいるからであります」と記している。実際に、特に九州の戦国大名たちは、貿易やその他の利益を求めて、キリスト教の宣教師たちを優遇した。一方、貿易などの利益が得られなかった場合、一変して宣教師たちを冷遇する大名たちもいた。たとえば、ザビエルが期待を寄せた大友義鎮については、次のようなことが指摘できる。永禄十（一五六七）年、義鎮は中国滞在中のニセアの司教ドン・ベルショール・カルネイロに書簡を送り、抗争中の毛利元就に勝利するために硝石の援助を求めている。そして、翌永禄十一年にも同司教に大砲の贈与を願っている。

　すなわち、キリスト教は個別の戦国大名には受容されえても、統一政権によっては、結局、排除されていく運命にあったといえるのではないだろうか。また、ザビエルが最初にキリスト教布教を後援してほしいと期待した天皇は、一貫してキリスト教布教に反対する立場をとり、そのことによって、統一権力との位置関係を取り結んでいこうとしたのである。

二　将軍によるキリスト教布教許可と天皇による宣教師追放

将軍によるキリスト教布教の許可

さてザビエルは、戦乱の渦中にあって荒廃している都の状況を目のあたりにして、天皇によるキリスト教布教の許可とその後援による布教の推進をあきらめ、地方の有力な戦国大名の保護を受けて布教を進めていくように方針を変えて日本を去った。

しかし、当時の京都がいかに荒廃していようとも、京都は日本の首府で、天皇と将軍が常在する最高の政庁の所在地であり、その持つ位置は高かった。後のことになるが、ポルトガルのリスボンに生まれたイエズス会の宣教師ルイス・フロイスは、永禄六（一五六三）年に来日し、近畿・九州各地に伝道した。フロイスは、天正十一（一五八三）年以来、大著『日本史』を執筆したが、その中で「都で受け入れられるものは、遠隔の諸地方で尊重され、そこで評価されないものは、他の諸国では、ほとんど重んぜられない」と述べている。

そのために、ザビエルから後事を托されたコスメ・デ・トルレスは、たえず京都での布教の開始を図り、永禄二（一五五九）年にはガスパル・ヴィレラとイルマンのロレンソを上京させた。ロレンソは、肥前生まれの目の不自由な琵琶法師で、天文二十（一五五一）年、山口でザビエルから洗礼を受けている。イルマンとはポルトガル語の **Irmão**（兄弟）の意味で、イエズス会ではパードレ（神父・司祭）に叙階されない修道士を指す。このロレンソは、初期の布教に大きく貢献している。

さて、翌永禄三（一五六〇）年にヴィレラは将軍足利義輝に謁見し、布教許可の制札を得た。将軍義輝はたびたび京都を追われ、ザビエルが上京した時には近江に逃れていたが、永禄元（一五五八）年十一月にようやく京都に帰還していた。義輝がヴィレラに与えた制札は、「室町家御内書案《ごないしょあん》」にその写しが伝わっている。「室町家御内書案」とは、室町幕府が発給した将軍が署判する書札《しょさつ》様文書（御内書）を編纂したものである。この制札では、宣教師に乱暴を働いたり、非分の課役をかけることを禁止している。

ところで、当時の京都の政治情勢について、フロイスは『日本史』のなかで次のように記している。

都の統治は、この頃、（次の）三人に依存していた。第一は、公方様で、内裏に次ぐ全日本の絶対君主である。ただし（内裏は）国家を支配せず、この名称とほどほどの（規模の）宮廷を持っているだけで、それ以上の領地を有しない。第二は三好殿で、河内国の国主であり、（公方様の）家臣である。第三は松永霜台で、大和国領主（であるとともに）また三好殿の家臣（にあたり）、知識、賢明さ、統治能力において秀でた人物で、法華宗の宗徒である。彼は老人で、経験にも富んでいたので、天下すなわち「都の君主国」においては、彼が絶対命令を下す以外何事も行なわれぬ（有様で）あった。

このように京都の統治は、将軍足利義輝、その家臣の三好長慶《ながよし》、さらにその家臣の松永久秀の三人によって行なわれていた。実権は松永久秀が握っており、いわゆる「下剋上」の状況を呈していた。そして天皇はというと、名目的な存在で、支配権をほとんど喪失していると、宣教師は認識したのである。

以上みてきたように、京都におけるキリスト教布教の許可は、ザビエルの最初の目論見とは異なり、まず将軍によってなされた。そして、その許可の内容は、京都居住および宣教師の安

足利義輝画像（国立歴史民俗博物館蔵）

全を保障するものであったことを、留意しておこう。

将軍暗殺の衝撃

永禄七（一五六四）年、当時の畿内の実力者である三好長慶が没した。長慶は管領細川晴元の家臣であったが、晴元を退けて畿内の実力者になった。そして、晴元と結んだ将軍足利義晴・義藤（義輝）父子をたびたび近江に追い落としていたが、後には義輝を自らの傀儡として利用し、畿内の統治権を事実上掌握していた。

長慶は、キリスト教に好意的であり、永禄二（一五五九）年にヴィレラらが入京すると、布教の許可状を与え、同六年にはその居城河内飯盛城下での布教を許している。このために、長慶の家臣が多数キリシタンになっている。

長慶の死によって、キリシタンは大きな打撃を受けることになる。これ以後、畿内における権力を掌握したのは、長慶の在世中より権勢を強めていた長慶の家臣の松永久秀であった。翌永禄八年五月、久秀は、長慶の部将であった三好三人衆と結んで、将軍足利義輝の邸宅を急襲し、義輝を暗殺した。この時に、戦国乱世に生きて剣術に通じていた義輝は、近臣とともに奮戦し、傍らに抜刀を刺し立てておき、それを取り替え取り替え斬りあうといった壮絶な戦いをした後、自決したと伝えられる。日本の歴史上の将軍のなかで、自ら刀を取って戦って戦死したのは、義輝ただ一人であろう。

こうして三好長慶の死に続いて、将軍足利義輝も暗殺され、ここに宣教師はその保護者を失ったのである。

綸旨による「大《だい》うすはらひ」

永禄八（一五六五）年七月五日、将軍足利義輝が暗殺されるという混乱状態の中で、正親町《おおぎまち》天皇の綸旨によって、宣教師は京都から追放された。最初の宣教師追放は、天皇の綸旨によってなされ、ここに将軍の布教許可は覆されたのである。この点について公卿の山科言継《やましなときつぐ》は、その日記に、

七月五日、今日三好左京大夫、松永右衛門佐以下悉罷下云々、今日左京大夫禁裡女房奉書出、大ウス逐払云々

と記し、また宮中の女官は、

五日、みよしみなみなくたりたるよしさたあり。大うすはらひたるよし。みよし申

と、その当番日記に書いている。

では何故、この綸旨による宣教師追放がなされたのか、この事情についてみることにしよう。フロイスは、綸旨の獲得に直接的に働いたのは、「竹内三位」と「可兵衛下総殿」兄弟であるとしているが、竹内兄弟については、その著書『日本史』に次のように記している。

さて都には二人の名望ある兄弟がいた。その一人は公家で、富裕であり、竹内三位と称した。彼は法華宗の新たな派を開くことを切望しており、それがために（必要な）多額の資

産と、自分に好意を示す非常に高貴な人々を（後援者に）持っていた。その（兄）弟は松永霜台の家（に仕える）貴人で、可兵衛下総殿と称した。彼らには、もしデウスの教えが弘まるならば、自分たちが計画を遂行しようとするのにはなはだしく障害となるように思われた。そこで彼らは都にあった法華宗の二つの本山、すなわち一つは六条（本国寺）、他は本能寺と称した（寺）の僧侶たちとその問題を協議し、霜台も法華宗徒であり、デウスの教えを嫌悪していることだから、彼を説得して伴天連たちを殺させようと決定した。

この「竹内三位」については、杉山博氏によって、次のようなことが知られている。「竹内三位」こと竹内季治は、永正十五（一五一八）年、山城国久我庄の預所竹内秀治の長男として生まれ、近江守・宮内少輔・大膳大夫を経て、弘治三（一五五七）年には従三位に叙せられ、永禄五（一五六二）年正月、四十五歳の時に正三位に叙せられた。つまり、宣教師追放の綸旨が出された永禄八年には、正三位の公家だったのである。そして季治は、天文十七（一五四八）年頃より久我庄預所であり、父祖以来預所という地位を利用して集めた田畠、預所職に属する井料・堤料の管理、人夫諸役の使役などを背景に、「富裕」であったと思われる。また、フロイスが述べているように、季治は熱心な法華宗徒であった。このために、季治の布教によって、近世初頭の久我村は全村が法華宗徒の村となっているのである（杉山博『庄園解体過程の研究』

東京大学出版会・一九五六)。

このように、公家であり熱烈な法華宗徒である竹内兄弟が、正親町天皇に働きかけて宣教師追放の綸旨を獲得したのである。季治が天皇に働きかけることができたのは、季治が高位の公家であり、朝廷と親密な関係にあったことによっている。後に元亀二(一五七一)年九月十七日、季治は織田信長によって処刑されるが、この時に朝廷は、季治の子長治の保護を将軍足利義昭に依頼している。

さらに季治は、同じく法華宗徒である松永久秀を動かし、これを受けて久秀は、京都の法華宗徒の勢力も考慮して、宣教師を京都から追放するに至ったのである。このように最初の「伴天連追放」は、朝廷と親密な関係にある竹内季治らの画策を背景に、正親町天皇の綸旨によってなされたのである。

正親町天皇周辺の反キリシタン勢力

このように、正親町天皇の綸旨によって京都から追放されて堺に落ちのびた宣教師たちは、以後帰京するために、さまざまな方法で朝廷に働きかけている。実際には、宣教師は松永久秀によって追放されており、また、宣教師の側もこれを「霜台弾正殿がその張本人」であると認識していた。しかし、それにもかかわらず、天皇によって追放されたことを深刻に受けとめ、帰京を許す詔勅がなくては帰京が不可能であると認識していた。そこで宣教師側は、キリシタンに好意的な豊後の大名大友義鎮（宗麟）、同じく松永久秀・三好三人衆政権のもとで重きをなしていた篠原長房らを通じて、公家たちに帰京を許可する綸旨の獲得を願った。しかし公家たちは、キリシタンに敵対する態度を変えないので、綸旨による帰京は叶わなかった。これについてフロイスは、万里小路惟房・輔房父子が「最悪の敵」であると記している。惟房の叔母栄子は正親町天皇の生母であり、妹房子は天皇の後宮に入っていた。したがって万里小路父子は、天皇の外戚として朝廷内で重きをなしていたと思われる。当時、正親町天皇および周辺の公家は、二、三の例外を除いては、キリシタンに敵対していたといえよう。

このように、正親町天皇の周辺の公家のなかには、竹内季治、万里小路父子のように、キリシタンに敵対する勢力が存在していた。ところで、反キリシタン勢力の中心に位置する正親町天皇についてだが、かつてこの天皇について、以下のような見方が支配的であった。

正親町天皇は、永正十四（一五一七）年に後奈良天皇の皇子として生まれた。戦国後期の皇室の経済的な窮乏の時期に生まれ、弘治三（一五五七）年に父後奈良天皇の跡を継いで四十一歳の壮年で践祚《せんそ》したが、三年後の永禄三（一五六〇）年に毛利元就の献金によってようやく即位礼を行なった。しかし、永禄十一（一五六八）年に織田信長が入京し、以後信長やその跡を継いだ豊臣秀吉による天下統一が進められるなかで、天皇は織田・豊臣両氏の援助を受け、これはかつては勤皇の事蹟などと評価されていたが、御料所の復旧・新設、皇居の修理、朝儀の復興、伊勢神宮の造替などを行ない、朝廷の面目を一新したというのである。いわば、「おおぎまち」という読み方が難しい以外は、影の薄い天皇であったといえよう。

これに対して、近年になって今谷明氏は、これまでの正親町天皇を含めた戦国期の天皇の評価に対して異議を唱えておられる。今谷氏によれば、戦国期の天皇は、戦国大名に官位を授けるなどして礼金収入などがあり、決して経済的に窮乏していたわけではなく、また官位授与などによって、政治的権威を上昇させてきたのである。とりわけ正親町天皇については、壮年になって天皇になったこともあり、織田信長・豊臣秀吉に対して老獪かつ粘り強く渡りあったと指摘されている。この今谷氏の学説について私は、天皇および朝廷がキリシタン問題にどのように対応したのかという点を中心に、以下、考えてみたい。

フロイスは、その著書『日本史』の中で以下のように述べている。何故、天皇が宣教師を京都から追放したのかについては、内裏（天皇）は、宣教師を「（日本の）神と仏に敵対する教え

正親町天皇画像（泉涌寺蔵）

の宣布者として、都から追放し」たのであり、そして、帰京を許可するためには、「人間を食べぬということを日本の偶像に誓うこと」を要求したとしている。これに対して宣教師側は、「人間を食べる」などということは「笑うべき虚偽」だとして一蹴したが、しかし日本の偶像に誓うことは、キリスト教の教義の上からできないと答えている。

ここに宣教師は、政治的混乱状態のなかとはいえ、天皇がキリシタンを排除する力を保持していること、そして「神と仏」

の教えの擁護者であり、キリスト教布教を排除するキリシタンの敵対者であることを認識したといえよう。逆にいえば、天皇・朝廷は、キリシタンと接触することによって、自らの立場を明確にしていったのである。

三　織田政権期におけるキリシタンと天皇・将軍・信長

織田信長の入京と天皇・キリシタン

永禄十一（一五六八）年九月、織田信長は暗殺された足利義輝の弟義昭を擁して京都に入り、三好三人衆を阿波に追い落として松永久秀を降伏させた。十月、義昭は将軍に任ぜられた。翌十二年四月、すでにキリシタンになっていた高山飛騨守と、飛騨守と親しく義昭擁立・信長入洛に功のあった和田惟政との尽力によって、フロイスは上京して信長・義昭に謁した。高山飛騨守は摂津高山出身で、すでに永禄六（一五六三）年、イルマン・ロレンソの説教を聞いて受洗した初期のキリシタン武将である。その子右近は、キリシタン大名としてよく知られている。右近は、後にキリシタンの柱石ともいうべき存在になるが、天正十五（一五八七）年六月に豊臣秀吉が出した伴天連追放令によって改易され、その後、慶長十九（一六一四）年には江戸幕府のキリシタン禁令によってマニラに追放され、同地で没するという波瀾に富んだ人生を送った。

しかし、フロイスの信長・義昭への謁見に先立って、宣教師帰京の報を知った朝廷は、直ちに将軍義昭に、宣教師の追放を信長に行なわせるように要求した。この点について、フロイスは、「内裏は、（伴天連が）都に帰ったことを聞き、ただちに公方様に宛てて、伴天連を引見せず、また彼を迎えず、また信長に（対しては）遅延することなく彼を放逐するように伝えられたいと（書かれた）書状を届けた」と証言している。宣教師の帰京に際して、天皇の反対があったというフロイスの指摘に、留意しておかなければならないだろう。天皇は、あくまでもキリスト教宣教師の京都居住に反対する立場に固執していた。そのために宣教師の信長・義昭への謁見が、他にさまざまな事情があったにせよ、若干、延期されたのである。

五野井隆史氏によれば、フロイスと信長の初対面は四月三日（西暦四月十九日）頃で、それ以降フロイスは、在京した八年間に少なくとも十二回信長に会っている。特に最初の永禄十二年には二カ月間に七回、十数時間以上の会話が持たれたそうである。したがって、この時期に

織田信長画像（長興寺蔵）

ついてのフロイスの証言は、信頼度の高いものと思われる。

さてフロイスは、天皇の反対にもかかわらず、信長と義昭との謁見を遂げた。その結果、四月八日（一五六九年四月二十四日）付で、宣教師の京都での居住を許可し保護を与えるという信長の朱印状が、さらに四月十五日（一五六九年五月一日）付で義昭の制札が出されている。こうして宣教師は、信長・義昭によって再び京都での居住を許されたのである。

再び下付された宣教師追放の綸旨

では、この後、織田政権期において、天皇・朝廷は、キリシタンにどのように関わったのだろうか。

永禄十二年四月下旬、信長・義昭によって宣教師が京都で布教することが許されてからまもなく、信長は居城のある岐阜に向かって京都を出発した。そしてこの信長の不在中の四月二十五日（西暦五月十一日）、再び正親町天皇より宣教師追放の綸旨が下された。この件について、天皇の側近に奉仕した女官が書き継いだ『御湯殿上日記』には、「四月二十五日、はてれん、けふりんしいたされ、むろまちとのへ申され候」と記されている。つまり、天皇が将軍に宣教師追放を命じたのである。

この時、綸旨獲得を直接的に画策したのは、朝山日乗という仏僧であった。この日乗については、三浦周行氏の研究によって、以下、みていこう。

日乗は、天文年間（一五三二～五五）に滅亡した出雲の豪族朝山氏の出身で、夢想により禁裏修理を志し、弘治元（一五五五）年、上洛して梶井宮で出家し、正親町天皇の父後奈良天皇より上人号を与えられたという人物である。日乗は、禁中に出入りすると同時に室町幕府の使僧をつとめ、たとえば豊後大友氏と安芸毛利氏との和睦を斡旋した豊芸和睦などに関係した。

また永禄十一（一五六八）年、信長が上洛するとその使僧となり、さらに信長の家臣村井貞勝とともに禁裏修復の奉行を担当した。

このように日乗は、朝廷・室町幕府・織田信長・諸戦国大名の間に人脈を持っており、それゆえに政治的活動を行なうことができたのである。そして、永禄八（一五六五）年の「大うすはらひ」の綸旨獲得の首謀者である竹内季治と親しかったらしく、永禄十二（一五六九）年二月十四日、季治とともに二条第の普請場に赴いて信長を見舞っている。また正親町天皇の外戚で、朝廷におけるキリシタンに敵対する勢力の中心である万里小路惟房とも親しかった。つまり、正親町天皇を中心に、朝廷内にキリシタン排除に奔走する勢力が存在し、日乗もその一端を担っていたのである。

四月二十五日に綸旨が下付されると、翌日にはフロイスにこの報が伝えられた。フロイスは早速、キリシタンの保護者であった和田惟政の許にイルマン・ロレンソを派遣した。以後、日乗と惟政は、相次いで将軍足利義昭の許に赴くことになる。

日乗から、綸旨による宣教師追放を求められた義昭は、「ある人物を（都に）入らせるとか、去らせるとかは、陛下の（係わり給う）問題ではない。いな、それは予の職務（権限）に属することである」と、その要求を拒絶した。

さらに日乗は、天皇の名で岐阜の信長に、宣教師追放を督促した。その際の信長の対応について、フロイスは次のように記している。

信長は、ピラトのように事の不正なるを見抜いていた。しかし彼は内裏に礼を失したくなかったので、この件では折り合うことを考え、伴天連の追放に関しては、ごくわずかの言葉でもって、すべてを全日本の君であられる内裏に御一任するのみと答えた。

このように信長は、宣教師追放の綸旨に対して、一定の敬意を払っているのだが、五月下旬にフロイスとロレンソが岐阜の信長の許に赴くとこれを歓待し、「内裏も公方様も気にするには及ばぬ。すべては予の権力の下にあり、予が述べることのみを行ない、汝は欲するところにいるがよい」と答えている。こうして宣教師は、京都居住および布教についての信長による保護を確実にしたのである。

以上、永禄十二年段階の「キリシタン禁制」をめぐる天皇・将軍・信長の立場は、当時の政治状況の一端をいみじくも表現しているのではないだろうか。天皇は、信長や義昭の意向とは別に、独自に宣教師追放を主張しうるような権限を保持していた。これは、いまだ信長の支配が確立していないこの時期に、信長や将軍から相対的に独立した立場から「キリシタン禁制」を主張し、また主張することによって、天皇自らの立場を強化しえたのではないだろうか。また将軍義昭は、京都居住の許可および追放の権限が天皇には属さず将軍に属するものであるとし、将軍の権限を明確にしようと図っている。そして信長は、天皇も将軍も自らの権力の下にあるとしながらも、宣教師追放の綸旨に対して一定の敬意を払い、天皇の主張を黙認ないし無視したのである。

信長の権力強化とキリシタン布教の進展

以上みてきたように、永禄十二年の正親町天皇の宣教師追放の綸旨は、信長によって事実上黙殺された。しかし、綸旨による宣教師追放という問題を未解決にしたままで、以後、信長の保護の下でキリスト教布教が進められていった。

元亀二（一五七一）年、パードレ・オルガンティーノを京都に迎え、室町幕府滅亡後の天正三（一五七五）年には、信長の援助のもとに京都で聖堂の建設が始められ、これが翌天正四年に落成し、京都での布教は隆盛期を迎えることになる。同年、フロイスは京都を去り、かわってパードレ・フランシスコ・ステファノニが来任した。

そして天正九（一五八一）年春、巡察師ヴァリニャーノがフロイスらを引きつれて上洛し、

京都南蛮寺図扇面（神戸市立博物館蔵）

信長の歓待を受けた。ヴァリニャーノは、イエズス会総会長の命によって、日本布教の状況を視察し、適切な助言と指導を与えるという役目を担って来日したのである。さらにヴァリニャーノは、天正四年に築かれた安土城にも赴き、安土を去るにあたって、信長より「予の思い出となるもの」として狩野永徳筆と伝えられる安土城屏風を贈られた。この屏風は、フロイスによって「内裏はそれを見ようとして、彼に伺いを立て、気に入ったので譲渡されたい、と伝えたが、彼はとりあわず、その希望（をかなえること）を回避した」というものであった。現在、この屏風の行方は残念ながら不明のままである。

このように、信長のキリスト教布教への保護と援助によって、布教は隆盛期を迎えることになったのだが、再度の綸旨による宣教師追放を経験しながらも、宣教

ヴァリニャーノ肖像

師側は天皇による布教許可を望んでいたらしい。

信長死後の一五八四年十二月十三日付のフロイスの書簡には、「私が都にいた時、幾度も信長の許で、贈物を携えて（天）皇を訪問できるよう尽力されたいと彼の恩寵を乞うた」が、これに対して信長は、「予がいるところでは、汝らは他人の寵を得る必要がない。なぜならば、予が（天）皇であり、内裏である」と、フロイスに語ったと記されている。こうして信長は、宣教師に対して、自らが天皇であると宣言するようになっていたのである。

またフロイスによれば、先述したように、天正九（一五八一）年春に巡察師ヴァリニャーノが上洛したが、この時にヴァリニャーノは、天皇から布教許可を得る件について、京都のキリシタンたちと討議した。ヴァリニャーノは、信長の性格を考えてこの件を断念している。つまり宣教師側は、あくまでも天皇による布教許可にこだわり、信長はこの問題を棚上げにしてしまったといえよう。

永禄十二年から天正十年へ

以上、織田政権下におけるキリシタンをめぐる天皇・将軍・信長の三者の関係についてみてきた。

信長入京の翌年の永禄十二年、信長や将軍足利義昭に京都居住・布教を許可されたキリスト教宣教師に対して、正親町天皇は再び宣教師追放の綸旨を出した。当時、朝廷内には天皇の外戚にあたる万里小路惟房・輔房父子、朝廷と密接な関係にある竹内季治・朝山日乗など、綸旨の威力を背景に布教を妨害し、宣教師の追放を推進する勢力があり、その中心に正親町天皇が位置していた。天皇は、このような状況を背景に、信長や義昭の意向とは別に、独自に宣教師追放を主張しうるような権限を保持していた。

永禄八（一五六五）年の宣教師追放の綸旨は、将軍暗殺という政治的混乱状況の下で出された。永禄十二年の綸旨は、室町幕府が支配権力を失墜しながらも、いまだ信長の支配が確立していない時期に出されている。このような時期にこそ天皇は、信長や将軍から相対的に独立した立場から「キリシタン禁制」を主張し、そうすることによって、自らの立場を強化しようとしたのではないだろうか。すなわち、強固な権力が存在していないような、政治的に不安定な時期にこそ、天皇・朝廷は自らの存在を主張しえたのではないかと考えられる。

永禄十二年段階の将軍足利義昭は、信長に擁立された、いわば信長の傀儡ともいうべき立場にあった。宣教師追放の綸旨に対しては、京都居住の許可および追放の権限は、天皇に属さず将軍に属するものであるとし、将軍の権限を明確にしようと図った。その後の元亀四（一五七三）年に義昭は信長に逐われ、ここに室町幕府は滅亡し、最初に宣教師の京都居住と布教を許可した室町将軍は、キリシタン問題から退場することになる。

さて信長は、永禄十二年の綸旨については一定の敬意を払い、天皇の主張を黙認した。しかし、宣教師に対しては、天皇も将軍も自らの権力の下にあるとし、キリスト教布教への保護と援助を与えた。さらに、その支配を確立する過程で、自らが天皇であると宣教師に宣言するまでになっていった。すなわち、信長の権力強化にともなって、宣教師追放の綸旨は無効となっていき、天皇による「キリシタン禁制」は行ないえないようになったといえよう。強力な政治権力が確立して支配が安定に向かうと、天皇が自らの独自の権限や主張を実現することが困難になっていくのではないだろうか。このような状況の下でキリシタンは、天正十（一五八二）年六月の本能寺の変を迎えたのである。

四　豊臣政権期における キリシタンと天皇・秀吉

織田信長の退場と豊臣秀吉の登場

天正十（一五八二）年六月、織田信長は明智光秀によって本能寺で横死し、以後、豊臣秀吉が全国統一を進めることになる。秀吉は最初、信長のキリシタン政策を受け継ぎ、キリシタンに対して好意的であった。翌天正十一年四月、秀吉は、賤ケ岳の戦に勝利して信長の重臣柴田勝家を滅ぼし、信長の後継者の地位をほぼ確定した。六月になると、秀吉は大坂城の築城に着手するが、畿内における布教の責任者であったオルガンティーノは、大坂に秀吉を訪れて教会建設のための用地入手について懇願し、同年八月頃これを与えられている。

当時の畿内において、キリシタンの中心的存在は、高山右近であった。右近は、摂津の豪族高山飛騨守の子として、天文二十一（一五五二）年頃生まれた。永禄三（一五六〇）年頃、彼の父飛騨守は松永久秀に仕えて大和沢城の城番となったが、永禄六年にイルマン・ロレンソと出会い受洗し、畿内における初期のキリシタンの一人となった。右近もまた、翌永禄七年頃にロレンソより受洗している。永禄十一（一五六八）年の織田信長の入京以後、高山父子は、足利義昭の擁立・信長の上洛に功績があった和田惟政に従い、摂津芥川城を預った。その後、摂津高槻城に移り、天正元（一五七三）年には荒木村重に属した。天正六年に荒木氏が信長に背くと、信長はオルガンティーノを右近の許に遣わして、信長側に降るように説得させ、右近は高槻城を開城して教会の危機を救っている。そして本能寺の変後、山崎の合戦で羽柴（豊臣）秀吉に従って戦功をあげ、以後秀吉麾下の武将として数々の合戦に従っていた。

さて右近は、天正十二（一五八四）年頃から親交のあった武将たちを誘って、次々にキリシタンにしていった。右近の感化によってキリシタンになった武将として、蒲生氏郷・黒田孝高・小西行長・牧村政治らを挙げることができる。また右近は、茶人としても著名であり、茶の湯の大成者である千利休の高弟の一人である。いわゆる利休七哲―蒲生氏郷・高山右近・細川忠興・芝山監物・瀬田掃部・牧村政治・古田織部―のうち、蒲生氏郷・高山右近・牧村政治

高山右近像（高槻市教会）

はキリシタンであり、芝山監物・瀬田掃部・古田織部もキリシタンであったともいわれている。さらに細川忠興の夫人（明智光秀の娘）は、夫を通じて右近の感化によってキリシタンになり、細川ガラシアとしてキリシタン史上にその名を残したことはよく知られている。

このように、右近を中心にキリシタン人脈と茶の湯の人脈が重なり合い、一大勢力が形成されていった。そして、右近が積極的に武将たちの間にキリスト教を伝道するきっかけとなったのは、天正十二年の曲直瀬道三《まなせどうさん》の受洗であった。フロイスは、曲直瀬道三受洗の報せを知った右近が、「(道三の改宗を機会に)友人である大名たちにしきりに誘いかけ、それら大名たちの幾人かは、戦争から帰った後、(道三と)同じように改宗し、洗礼を受けた」と述べている。

以下、この曲直瀬道三の受洗とそれによって生じた波紋についてみていこう。

曲直瀬道三の受洗

曲直瀬道三は、永正四(一五〇七)年に京都で生まれ、相国寺に入り禅僧となったが、享禄元(一五二八)年、二十二歳の時に関東に下り、足利学校に入学した。足利滞在中に、入明して李杲・朱震亨の医術を学んで帰朝した田代三喜の門に入り、十年余りにわたって、当時として最も斬新な李朱医学を学び、天文十九(一五五〇)年頃には日本における李朱医学を大成した。これより以前の天文十四年には京都に帰り、還俗して医者を開業している。

さて、帰京の翌年の天文十五年に道三は、将軍足利義藤(義輝)に謁し、以後義輝と密接な関係を結ぶことになり、さらに細川晴元・松永久秀・三好長慶らの幕府の重臣からも寵を受けた。また道三は、京都に学舎を建てて啓迪院《けいてきいん》と名づけ、多くの子弟に医術を教育し、後にその

曲直瀬道三画像（医学肖像集成より）

門弟八百人に及んだといわれている。

そして道三は、永禄三（一五六〇）年に初めて皇室に参仕し、以後皇室に出入りするようになり、天正二（一五七四）年には、その著書『啓迪集』を正親町天皇の叡覧に供して賞讃され、翠竹院の号を賜っている。

また道三は、永禄五（一五六二）年に幕府の要請によって安芸・出雲に下向し、安芸毛利氏と出雲尼子氏の和平調停を行なった。これ以後毛利氏と親密になり、何度か下向することになる。そして、毛利一族に医療を施すとともに、元就らの要望によって、家門繁栄の方策についての意見書も呈出している。

以上のように道三は、当代随一の名医であり、天皇・将軍・武将らとの関係も深く、後には信長・秀吉からも重んぜられた。また安芸・出雲への下向にみられるように、政治家としての才能と人望もあった。さらに道三は、当代第一流の文化人であり、とりわけ茶の湯のたしなみも深かった。

このような道三が、天正十二（一五八四）年にパードレ・ベルショール・デ・フィゲイレドを治療したことが機縁となって、同年十一月に入信した。この道三の入信については、一五八五年八月二十七日（天正十三年八月三日）付、長崎発のイエズス会総会長宛フロイスの書簡と、その著『日本史』の記述以外に、他の宣教師の記述も、国内の史料も一切存在しない。そのために、道三の入信については疑問視することもできる。

けれどもキリシタン史研究者の第一人者であられた海老澤有道氏は、日本側史料ではキリシタン関係の記事は非常に貧困であると指摘されているし、また医学史家服部敏良氏は、道三は西洋医学への探求心・好奇心によって受洗したのではないかとされている。道三のキリスト教入信は、あながち否定することもできないのである。

たとえ道三の入信がフロイスの誤解や誇張によるものだとしても、フロイスの次の記述には留意すべきだと思う。

道三が（キリシタンに）改宗したとの報せは、日本全国最高の国王である（天）皇《オウ》の耳に達した。その件は、デウスの教えの敵である異教徒たちによって、（天）皇の許では悪意に解釈されたので、（天）皇はそのことで一人の使者を（道三のところに）遣わし、「キリシタンの教えは、道三を弟子とするにふさわしくない。それは（日本の）神々《カミス》の敵であり、神々を悪魔呼ばわりし、まさしくその怒りを招く教えである」と述べた。

天皇がキリシタンを日本の神々の敵として、そのため道三の入信を阻止しようとしたと、フロイスによって指摘された点は、看過すべきではないだろう。正親町天皇は、豊臣政権下においても、引き続きキリシタンに敵対し続けたのである。

天正十四年の豊臣秀吉の布教許可状

天正十二年に曲直瀬道三がキリスト教に入信した時、正親町天皇はこれに反対して阻止しようとしたが、この時期の秀吉はキリシタンに好意的であった。フロイスによれば、大坂城内には秀吉夫人ねねの侍女の中にキリシタンが五、六名存在しており、その中の一人マグダレナは秀吉夫妻と親密な関係にあり、マグダレナの娘は大坂城の財宝の管理を任されていた。このマグダレナは、堺の豪商出身で秀吉の重臣小西行長の母であるといわれる。翌天正十三年、秀吉は関白となり、ほぼ天下を掌中におさめた。そして天正十四年、秀吉によってキリスト教の「布教許可状」ともいうべきものが発給されたのである。この「布教許可状」発給の事情について、以下みていこう。

天正十四年三月十六日、イエズス会の日本における布教の責任者である準管区長ガスパル・コエリュは、大坂城で秀吉に謁見した。コエリュ一行が上坂した意図は、秀吉に畿内における布教の保護を求め、あわせて当時、九州では島津氏の勢力が増大してキリシタン大名大友・大村・有馬氏を圧迫しており、とりわけ大友氏は滅亡の危機に瀕していたため、その保護と挽回を願うものであった。清水紘一氏は、この背景について特に次のような点に注目されている（「天正十四年の布教許可状をめぐって」『中央大学論集』一〇・一九八九）。

すでに述べたように、畿内におけるキリスト教布教に対する許可状は、これはむしろ保護状というべきものだが、最初、永禄三（一五六〇）年に将軍足利義輝より下付された。しかし、永禄八年に義輝が暗殺されると、その衝撃による政治的混乱の中で、正親町天皇の綸旨によって将軍による布教許可状は、その効力を喪失した。キリスト教会が再び布教許可状を下付されるのは、永禄十二年、織田信長・足利義昭によってである。けれども、元亀四（一五七三）年に室町幕府が滅亡して足利義昭は没落し、将軍による布教許可は無効となった。さらに天正十（一五八二）年、本能寺の変によって織田信長が滅び、信長による布教保護も失われた。つまり天正十四年の段階では、キリスト教布教の許可は、法的根拠を消滅していた。したがってコエリュは、畿内における布教許可状を再び秀吉から獲得しなければならなかったのである。

次に、秀吉が布教許可状を発給した経緯についてみていこう。すでに述べたように、秀吉夫人ねねの侍女の中に数名のキリシタンがいた。秀吉の側室には、信長の姪で浅井長政の娘淀殿、京極高吉の娘松の丸殿、蒲生賢秀の娘三の丸殿、織田信包の娘姫路殿など高貴な出身の女性が多かったが、秀吉はねねを重んじていた。ねねは、天正十三年に秀吉が関白になったため北政所と呼ばれるようになっており、秀吉に対して強い発言力を持っていた。そのために、天正十四年の布教許可状発給に重要な役割を果たすことになる。

またフロイスによれば、北政所は、「神と仏の熱心な信奉者」であったが、キリシタンの侍女たちの懇請によって、教会に人を遣わして希望どおりの形式の特許状の下書きを作成するように伝えた。そして、教会の作成した草案を秀吉に取り次ぎ、その結果、同年五月四日付で秀

豊臣秀吉画像（神戸市立博物館蔵）

吉の花押の付された二通の布教許可状がイエズス会に下付された。いわば北政所の主導によって、布教許可状は発給されたのである。ここにキリスト教会は、信長の死後、再び布教への公的な保護を得たのである。

ところで、発給された二通の許可状のうち、一通は宣教師たちが布教のために日本を巡回する時に所持するもので、他の一通はインドとポルトガルへ送るためのものであった。その内容は、宣教師への乱暴・狼藉の禁止、教会堂が兵士の宿舎として使用されることの免除、寺院に課せられる全ての義務の免除、日本全国への居住許可であった。

秀吉夫人高台院画像（高台寺蔵）

では、北政所の主導のもとに下付されたとはいえ、秀吉が布教許可状を発給した意図はどこにあったのだろうか。清水紘一氏によれば、秀吉の意図は、秀吉が室町幕府・織田政権の後継者であり、武家勢力の頂点に立ち、日本国主であることを宣言し、インド・ポルトガルに許可状を伝達することによって、日本の代表権者として外交権を創出し、さらには天皇の保持していた宗教統制権を自らに帰属させることにあったとされている。

この清水氏の指摘に加えて、私は次のような点に注目しようと思う。まず、この許可状は宣教師に日本全国への居住を許可している。これは、永禄十二年に出された正親町天皇の宣教師追放の綸旨をめぐって、天皇・将軍・信長の三者が京都居住の許可を問題にした点と決定的に異なっている。また、天正十四年の段階で、秀吉はいまだ九州および関東を平定していなかった。このような時期に宣教師を通じて、インド・ポルトガルに宣教師の日本全国居住許可を伝達することは、秀吉の天下統一を先取りするものではないだろうか。

そして、キリスト教に接触して以来、正親町天皇は一貫してキリスト教布教に反対ないし敵対してきた。このような天皇の意向を無視して、布教許可状を発給することは、室町末期以来のキリスト教の布教をめぐる天皇と将軍・信長の確執に終止符を打つことではなかったか。つまりキリスト教布教の許可権は、秀吉によってのみ掌握されたのである。こうしたなかで正親町天皇は、同年十一月七日に皇孫和仁親王（後陽成天皇）に譲位し、三十年にわたる在位を終えたのである。

天正十五年豊臣秀吉の伴天連追放令をめぐって

天正十五（一五八七）年六月、豊臣秀吉は九州平定の帰途、筑前箱崎において十九日付定五

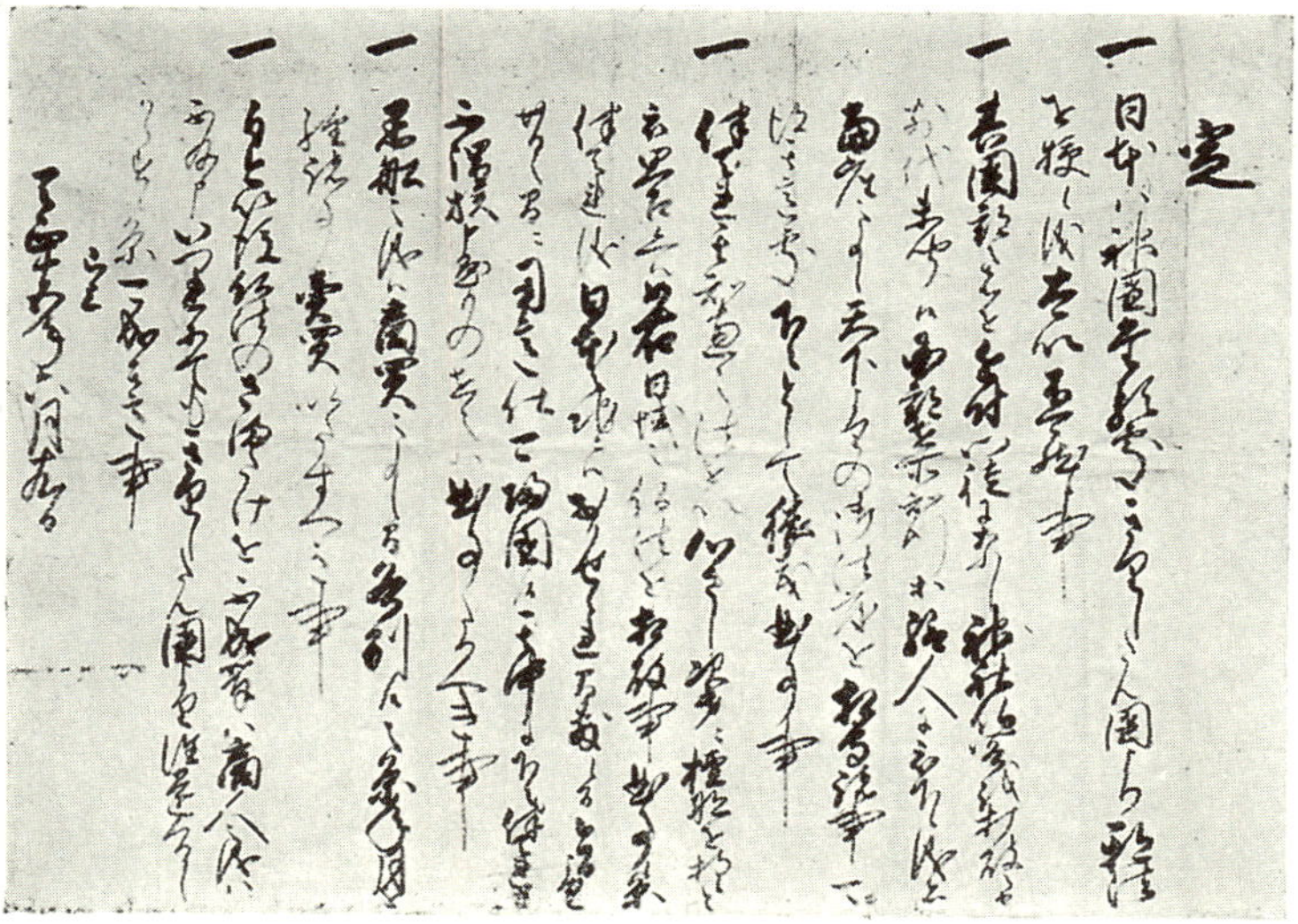

「伴天連追放令」（松浦史料博物館蔵）

カ条を発令した。この定書は、平戸の大名松浦家にその写しが伝えられ、現在は松浦史料博物館が所蔵しているが、一般に伴天連追放令という。この十九日付定に対して、前日の十八日付で日本全国に出された覚書十一カ条がある。この両法令によって秀吉は、キリスト教の布教保護から規制へと転換した。布教許可状の発給から、わずか一年後のことであった。そして定書第一条には、「日本ハ神国たる処きりしたん国より邪法を授候儀太以不可然候事」とあり、日本は「神国」であると宣言し、「邪法」であるキリシタン（キリスト教の教え）は排除されなければならないとしている。

　では、この「神国」の内容はどのような

ものであったのだろうか。伴天連追放令によって、小豆島に潜伏したオルガンティーノは、同年十二月発信の書簡の中で、次のように指摘している。

暴君（関白）は、我らに対して公布した（条）令の中で、我らが説く教えは悪魔のものであり、我らは、日本人が当初から崇拝する神《カミ》、仏《ホトケ》の偶像の教えに反することを説き、その寺社を破壊したので我らを追放するのだと言い、内裏の公家《クゲ》たちが（神仏を尊崇するを）慣習とすることをもって（自らの言葉が）正当であることの証しとしました。

このように、「神国」の内容についてはあいまいであり、キリシタンに対抗する意味で「神国」が持ち出されたともいえる。

翌天正十六年三月十三日（一五八八年四月八日）、ポルトガルの定期船の総司令官の代理として、フランシスコ・ガルセスらが大坂城で秀吉に謁した。その際に秀吉は、宣教師追放の理由について、「なんとなれば、伴天連らは日本国の基礎《ライース》を破壊するからだ。すなわち彼らは神々《カミス》の社を破壊するのだ。神々《カミス》は日本の主《セニョーレス》に外ならず、日本の主《セニョーレス》は神々《カミス》に外ならぬ。このことから、伴天連らの教えは神々《カミス》に反するものゆえ、日本の主に真向から反するもの（と言える）」と語っている。

このようにキリシタンは、宣教師たちによって、天皇・公家の尊崇する神々の教えに反するために追放されると、認識されたのである。では、この神々を宣教師たちはどのように理解したのだろうか。そして、何故、秀吉はわずか一年前に布教許可状を与えた宣教師たちを、日本の神々に反するゆえに追放しようとしたのだろうか。以下、秀吉が日本の神々をどのように認識し、神々と自らをどのように位置づけようとしていたのか、これらの点を宣教師たちの眼を通してみていくことにしよう。

日本の神々とはどのような存在か

先にみたように、天正十二年に曲直瀬道三がオルガンティーノより洗礼を受けた。当代一流の学者として尊敬されていた道三の洗礼は、多くの人々に衝撃を与えた。たとえば高山右近は、道三の改宗を機会に親交のあった大名たちにしきりにキリシタンの教えを聴くように誘いかけた。このように道三がキリシタンになったことは、彼が誰もが認める一流の学者であるだけに、その波紋は大きかったのである。

さてキリシタンになった道三は、教会に対して、「日本の神々とは、人間であって、ずっと昔の皇族とか、日本の貴族出の主要人物である」から「（天）皇ならびに日本の貴族に対する尊敬の念から」日本の神々を悪魔と呼ばないように忠告している。宣教師たちは、この大きな影響力を持つ道三の忠告から、日本の神々とは何かということを認識したと思われる。

一五七九年から八二年まで、一五九〇年から九二年まで、一五九七年から一六〇三年までの三度にわたって巡察師として来日したヴァリニャーノは、「日本管区及びその統轄に属する諸事の要録」（一五八三年筆）、および「補遺」（一五九二年筆）を執筆した。ヴァリニャーノは、信長・秀吉とも交流があり、また、日本の風習に順応しながら布教を進めていこうという方針を採っただけに、彼の証言は示唆に富んでいるといえよう。ヴァリニャーノは、その著作の中で、日本人には二種の神々があり、一つを神、他を仏と称するとしているが、「神」については、「本来日本固有の宗教」であり、「一般に国王であった人々や、日本に生存し、特に指定された人々である」としている。そして、これらの神々が崇拝されているのは、「霊魂を救済すると信ぜられていることよりは、現世の何かに対して力を有するという誤った考えで、日本の諸国王、及び公卿の血統であるということの方に多く基づいている」と述べている。

また天正十六（一五八八）年、秀吉はポルトガル船の総司令官（カピタン・モール）ジェロニモ・ペレイラに、「神々とはわが国では諸侯以外のなにものでもなく、彼らはその偉大さと勝利のゆえに神として崇められるようになった。今や日本の諸侯はかつて他の諸侯がそうしたように、できる限り力を尽くして神になろうとしている」と語っている。

このように宣教師たちの証言によれば、日本の神々とは、過去の偉大な天皇・公卿・諸侯など、特に指定された人々であった。そして宣教師たちは、このような日本の神々によって、キリシタンは排除されると認識したのである。

秀吉の自己神格化

さて秀吉は、宣教師たちによって、過去の偉大な、特に指定された人々であると考えられた、日本の神々の一人になろうとしていた。秀吉は、天下統一が現実の日程にのぼった天正十三（一五八五）年頃から、自らの生誕に関する落胤説や日輪物語などを作り上げていった。北島万次氏によれば、この日輪物語は、東アジアの広い地域にわたって伝承されている、王朝の始祖を彩る、感生帝説（感精神話）のうち、日光・日精に感じて母が懐胎したという類型に属するといわれる。後に秀吉は、アジア諸地域に宛てた外交文書のなかで、自らを「日輪の子」と宣言し、太陽神を自負するのである。

またイエズス会では、一五八一（天正九）年以降、日本各地の布教状況を年次毎に報告する年報を作成するようになったが、一五八八年度「イエズス会年報」には、「この男の意図するところはほかでもない。他者より崇敬をうけること、日本にあってもっとも主要なる神の一人とみなされるようになること、これに尽きる」と記し、そのために秀吉は、方広寺の大仏を造立し、大仏完成の後には、「自らに似せた彫像」を大仏の傍らに造り、「これによって民衆が自らを神として奉り崇めるようにしようとした」としている。

ところで、方広寺大仏の造営が意図されたのは、天正十四（一五八六）年であるといわれるが、その造営が活発化したのは伴天連追放令発令後の天正十六年であった。同年七月八日には刀狩令が出され、百姓より没収した刀・脇差は、大仏の釘やかすがいに使用され、それによって、大仏は百姓の今生と来世を保証することになるというのである。大桑斉氏は、方広寺大仏は民衆を宗教的に支配する国家神の役割を担うことを期待されたと、されている。実際に秀吉が自らに似せた彫像を大仏の傍らに造立しようとしたかは不明だが、大仏の宗教的権威を自らの神話に取りこもうとしたことは、充分に考えられる。

では、秀吉はどのような神になろうとしたのだろうか。一五八八年五月六日付書簡で、オルガンティーノは、秀吉は血統と世襲による古い公家たちを追い出し、新たに数多くの公家たちをつくっていき、自らが内裏、すなわち全日本の絶対的国王になるつもりであると述べている。

さらにオルガンティーノは、「己れを日本の偶像に祭り上げることで、そうすることによって自らの記憶を永久に地上に留め得る」と考え、「今一人の天照大神になろうとし、まさしくその偶像崇拝の筆頭に置かれることを欲している」と記している。それゆえに、秀吉はキリシタンの教えがあらゆる偶像崇拝に真向うから楯突くものであるために、キリシタンを迫害するようになったというのである。

そして三鬼清一郎氏によれば、秀吉は天正二十（一五九二）年、朝鮮侵略の過程で、次のような支配構想を持ったといわれる。すなわち、後陽成天皇を北京《ペキン》へ移し、その関白に秀次（秀吉の甥）をつけ、日本の天皇は皇子良仁親王か皇弟八条宮智仁親王（秀吉の猶子）に継がせ、その関白に羽柴秀保（秀吉の甥）か宇喜多秀家（秀吉の養子）をあてるというものである。そうして秀吉自身は、寧波に居を構えインドを含めた全世界を支配する、つまり秀吉は、中華帝国の皇帝の地位につき、二人の天皇を国王に封じ、名実ともに天皇を超えるという空想的プランであった。

今谷明氏によれば、かつて室町幕府の三代将軍足利義満は、天皇の地位を「簒奪」しようとした。義満は、従来の天皇制を超克するのに中国思想を借りた。しかし、義満は順徳天皇五代の裔で、時の治天《ちてん》（朝廷の統轄者）である後円融院の従弟でもあるという貴種であった。そのために義満は、息子を皇太子にする計画をたて、そのことによっても、天皇の地位を簒奪することが可能だったのである。けれども、天正二十年の時点では秀吉に実子はなく、いうまでもなく貴種でもなかった。三鬼氏は、それゆえに秀吉は自らを神格化しなければならなかったとされている。

宣教師たちが、秀吉が新たな公家制度を創設して自らが天皇になろうとする一方、生前より偶像崇拝の筆頭に位置する「今一人の天照大神」になろうとしたと考えたのは、秀吉の朝鮮侵略過程において構想された、天皇超克のプランとも関っていたといえよう。

以上みてきたように、秀吉は天下統一が現実的になってきた頃より、自らを太陽神と自負するようになり、さらには日本の神々の筆頭に立つことを望むに至った。そして、国家神にまで上昇して天皇を超克しようとしたのではないだろうか。

秀吉の死と八幡神

慶長三（一五九八）年八月十八日、秀吉は伏見城中で六十三歳の生涯を閉じた。この時嗣子秀頼は幼少であり、また朝鮮出兵中でもあった。このような不安な政治状況の中で、秀吉は死に臨み、新八幡として祀られることを望んだ。秀吉の死から間もない一五九八年十月三日（慶長三年九月三日）付で、パードレ・フランシスコ・パシオが長崎よりイエズス会総会長に送った一五九八年度年報には、次のように記されている。

最後に太閤様は、自らの名を後世に伝えることを望み、まるでデウスのように崇められることを希望して、〔日本全国で（通常）行なわれるように〕遺骸を焼却することなく、入念にしつらえた棺に収め、それを城内の庭園に安置するようにと命じた。こうして太閤様は、以後は神〔この名は存命中に徳操と戦さにおいて優れていた偉大な君侯たちの特性であり、死後はデウスたちの仲間に加えられると考えられている〕の列に加えられ、シンハチマン、すなわち、新しい八幡と称されることを望んだ。なぜなら八幡は往昔のローマ人のもとでの（軍神）マルスのように、日本人の間では軍神として崇められていたからである。

この新八幡については、八幡信仰と無関係であるといわれる。三鬼清一郎氏は、新八幡とは若宮八幡のことで、若宮信仰は怨霊の統御を第一の目的とするもので、荒魂を和魂に転化させるのだから、秀吉が自ら新八幡に祀られたいと願うはずはないとされている。

しかし、秀吉の死は慶長三年末まで秘密にされた。宣教師側の秀吉死去の情報獲得は、かなり早かったといえよう。このように、宣教師たちの情報収集の能力は高度なものであり、その証言は無視できないと考えられる。

秀吉死去の四日後の八月二十二日、方広寺大仏殿で供養が行なわれ、九月には大仏殿に鎮守が創建されることが決まった。そして、十二月には徳川家康らが大仏殿鎮守に詣でた。翌慶長四（一五九九）年三月になると、京都所司代前田玄以は、その墓所の山城阿弥陀峰に、秀吉の遺名によって大社を創建することを朝廷に奏請した。そして四月には遷宮が行なわれ、方広寺大仏殿鎮守は豊国社となり、秀吉に朝廷から豊国大明神の神号、正一位の神位が贈られた。したがって、秀吉が死去当初にどのような神として祀られたのかについては不明である。

また、秀吉が当初、新八幡として祀られたことは、日本側の記録にもある。『当代記』には、

四月十九日、阿弥陀か峰新八幡堂江各社参、是太閤秀吉公を奉崇神に、号八幡大菩薩堂也、併依彼遺言如斯、然而有遷宮、翌日能あり、四座の猿楽行之、大菩薩は可有如何とて、其後改豊国大明神

とある。私は、秀吉が祀られたいと望んだ新八幡は、若宮信仰の新八幡ではなく、「八幡大菩薩」そのものであると思う。なぜなら、情報収集能力の高い宣教師側の記録に「八幡は、往昔のローマ人のもとでの（軍神）マルスのように、日本人の間では軍神として崇められていたからである」とあるからである。少なくとも宣教師側には、秀吉は八幡神として祀られることを

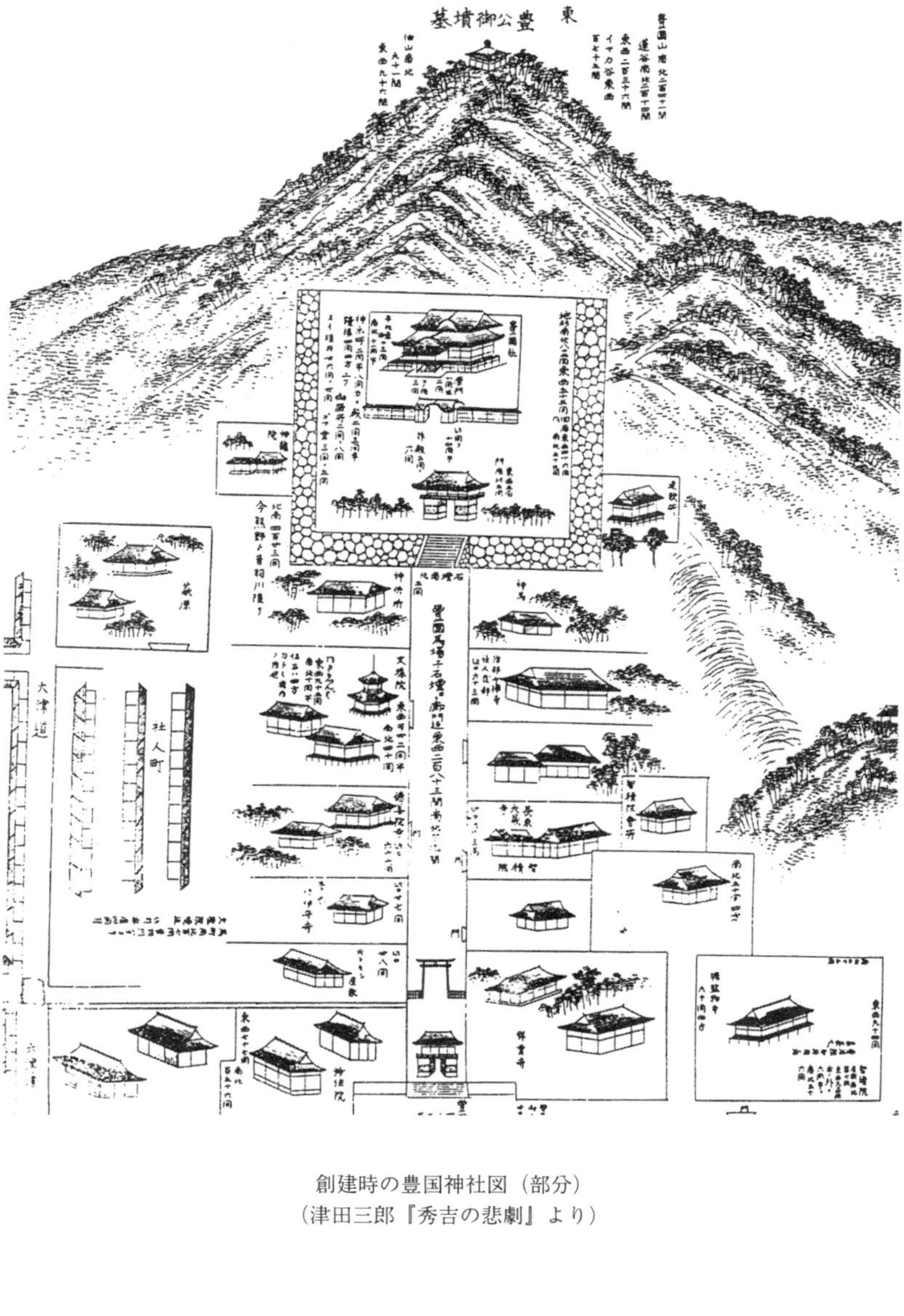

創建時の豊国神社図（部分）
（津田三郎『秀吉の悲劇』より）

望んだと理解されていたといえよう。

恐らく秀吉は、死に臨んで八幡神として祀られたいと望み、その遺命によって、方広寺大仏殿鎮守は八幡大菩薩堂として創建され、披露されたのではないだろうか。しかし、朝廷が秀吉を八幡神として八幡大菩薩堂に祀ることに難色を示したのではないか。そのために秀吉は、自ら望んだ八幡神にはなれず、豊国大明神として豊国社に祀られることになったといえよう。

八幡神をめぐる秀吉と朝廷

では、秀吉は何故、八幡神になろうとしたのだろうか。そして朝廷は、なにゆえに秀吉が八幡神になることを阻止したのだろうか。この問題を解く鍵は、当時、八幡神がどのような神として認識されていたのか、そして神々の序列のなかで、どのような位置を占めていたのかについて、解明していくことに求められるのではないだろうか。

八幡神は、元来、宇佐の地方神であったが、奈良時代には応神天皇に比定され、東大寺の大仏鋳造を機に託宣神として中央に進出した。平安初期には朝廷から「大菩薩号」を贈られ、神仏習合の先駆となった。貞観元（八五九）年になると、京都男山に勧請されて石清水八幡宮となり、以後着々と勢力を拡大した。そして、院政期になると伊勢神宮とならんで、「国家」の「宗廟」に位置づけられるまでに至り、神々の頂点に立ったのである。

また、清和源氏の一族が八幡神を氏神として崇めたことから、武神的性格を帯び、八幡信仰は、鎌倉期には鶴岡八幡宮を中心に御家人を通じて全国的に伝播した。室町期になると、足利氏が源氏の出であることに加えて、室町幕府の三代将軍足利義満の生母が石清水別当善法寺通清の娘であったことなどから、八幡宮は足利氏の崇敬をうけた。さらに戦国期には、武神であることから戦国武将に信仰され、各地に勧請されることになり、「神は八幡」と言われるようにさえなった。

ところで、八幡神の特徴について前田雅之氏は、①応神天皇という人格神であること、②仏法と合体した神であること、③文永・弘安の役（蒙古来襲）の際に、亀山上皇が異敵追討の祈祷を行なったことにみられるように、他国からの侵略を防ぐ性格が強いことを挙げておられる。つまり、国家の主権者である応神天皇と、敵を想定した護国神という性格を兼ね備えた国家守護神であり、さらに仏法神としての性格が、「仏法王法相依論」によって、国家守護神に結びついていったのである。

八幡神は、このように広く流布し、強い影響力を持つ神となった。そして、高天原神話の神々とは別系統の神であり、高天原神話において天皇の祖先神とされる天照大神とならんで、神々の序列の頂点に立つ神となった。それゆえに朝廷が、秀吉を新八幡として祀ることに対して難色を示したために、実現に至らなかったと考えられる。逆からみれば秀吉は、八幡神になることで、「今一人の天照大神」になろうとしたのではないだろうか。

キリスト教布教許可権の行方

以上みてきたように、織田信長の後継者として天下統一を推進していった秀吉は、当初、信長のキリシタン政策を受け継ぎ、キリシタンに対して好意的であった。そして、天下統一が現実的になってきた天正十四（一五八六）年五月四日、イエズス会に対して「布教許可状」ともいうべきものを発給するに至った。この許可状は、宣教師に日本全国への居住を許可しており、この時期にいまだ九州や関東を平定していなかった秀吉にとって、天下統一を先取りするものであったといえる。これに加えて秀吉は、キリスト教の布教許可権を自らの掌中に帰属させた。この時点でキリスト教の伝来以来、天皇が主張してきたキリスト教排除、具体的には宣教師の京都追放の権限は消滅したのである。

しかし、キリスト教の布教を許可する権限を掌握したということは、同時にキリスト教布教を禁止する権限も掌握したことを意味している。キリスト教布教の許可状の発給からわずか一年後の天正十五（一五八七）年六月十九日付で、秀吉はいわゆる伴天連追放令を発令した。では何のために秀吉は、この法令を出したのだろうか。

そもそも伴天連追放令は、決してキリスト教の信仰を禁止する、いわゆる禁教令ではなかった。文字通り宣教師を「神国日本」から追放する法令だった。しかもこの法令によって、キリスト教会の保護者ともいうべき、当時播磨明石六万石の大名高山右近が改易されるなど、教会にとって少なからぬ衝撃はあったものの、宣教師の追放については、実際にはほとんど実行されなかった。これは、先にも述べたように、ポルトガル貿易とキリスト教の布教が分かちがたく結びついており、貿易に積極的だった秀吉にとっては、貿易に深く関わっていた宣教師の存在を無視できなかったからである。また高山右近の改易についても、前述したように私は、右近がキリスト教を信仰していたから改易されたというよりは、右近を中心にキリシタン人脈と茶の湯の人脈が重なりあって一大勢力を形成していたことに、その原因が求められるのではないかと考えている。伴天連追放令発令の前日の六月十八日付で、日本全国宛てに出された覚書十一カ条が伊勢神宮に残されているが、その中で上級武士がキリシタンになることを禁じた箇条がある。これは、上級武士がキリシタンになることによって、キリシタン信仰を紐帯として一大勢力を形成することを阻止しようとしたのではないだろうか。つまり右近の改易は、キリシタン人脈と茶の湯の人脈の連携を断絶し、キリシタン信仰を紐帯とした勢力の解体を目指すものだったのではないだろうか。

では秀吉は、伴天連追放令によって、何を志向したのだろうか。秀吉は、伴天連追放令の第一条でキリシタンに対峙するものとして、「神国」を宣言した。そして、この秀吉の主張する「神国」には、絶対者「秀吉神」ともいうべき神の支配する「天下」の意味が含められていたと、海老澤有道氏は指摘されている（「豊臣秀吉の日本神国観―キリシタン禁制をめぐって―」・国際基督教大学『社会科学ジャーナル』一七・一九七九）。秀吉は、天下統一が現実の日程にのぼった天正十三（一五八五）年頃から、自らの生誕に関する神話を作り上げていき、さらに対外的・対内的ともに太陽神を自負し、まさに「今一人の天照大神」になろうとしたのである。しかし、この「秀吉神」は、天照大神を初めとするさまざまな神々の存在を否定しているのではなく、その存在を前提として、これらの神々の序列の頂点に立つ天照大神的な、もしくは天照大神に匹敵、さらにはそれを超える神になろうとしていたのではないだろうか。

伴天連追放令に先立って正親町天皇は、キリシタンが日本の神々の敵であるゆえに、曲直瀬道三の入信を阻止しようとしたが、秀吉もまた、キリシタンは秀吉自らがその序列の頂点に立とうと試みた日本の神々に反するゆえに、その排撃を宣言したのである。このように、キリシタンが日本の神々と相容れないという点で、天皇と秀吉は正に一致している。けれども、キリスト教の布教を許可する権限や禁止する権限は、秀吉のみによって掌握され、決して天皇の手には戻らなかったのである。

五　徳川家康とキリシタン

秀吉の死から家康の覇権掌握へ—国際環境の変化—

すでに述べたように、日本におけるキリスト教の布教は、ポルトガル国王の後援を受けたイエズス会の宣教師フランシスコ・ザビエルによって始められたことからもわかるように、ポルトガルの東洋進出の一環であり、そのために布教と貿易とは一体であった。そして布教は、ポルトガル国王の布教保護権のもとに、ほぼ半世紀にわたってイエズス会によって独占されていった。

けれども一五八〇年代に入ると、ヨーロッパの国際情勢は、大きく転換していった。一五八一年、スペイン国王フェリーペ二世がポルトガル国王を兼ねるようになり、スペインによってポルトガルが併合されることになると、両国の対立は複雑化する。だが貿易に関しては、ポルトガルの権利が尊重され、ポルトガルの大司教が貿易を管理するようになる。また日本布教についても、一五七六年、ローマ教皇グレゴリウス十三世は、ポルトガル国王の布教保護権のもとにマカオ司教区を創設して、日本をこの司教区に所属するものと規定し、さらに一五八五年には、布教のために日本に赴く者は、ポルトガル船によらなくてはならず、イエズス会の宣教師のみに限るとした。このようにイエズス会の日本布教の独占は、ローマ教皇によって認められてはいたが、ポルトガルがスペインによって併合されるといった事態は、やがて日本にその影響を及ぼしてくることになる。

そして先述したように、天正十五（一五八七）年の豊臣秀吉による伴天連追放令によって、イエズス会の宣教師の日本滞在は、公式には認められなくなる。さらに天正十九年に秀吉が、ルソンに入貢を求めたために、その外交使節として、マニラからスペイン系修道会であるフランシスコ会の宣教師が渡来した。また同じくドミニコ会、アウグスティノ会の宣教師も来日するようになり、ここに、ポルトガルと結びついたイエズス会による日本布教の独占が崩れることになった。伴天連追放令によって、宣教師が公然と居住できない状況下にあって、イエズス会に加えてスペイン系修道会の宣教師が日本に潜伏することになったのである。そして、長い間日本布教を独占してきたイエズス会と、新たに布教に参入してきたスペイン系修道会との関係は、同じカトリックの修道会とはいえ、必ずしも円滑ではなく、多くの対立が生じた。そのために布教の状況は、複雑な様相を呈するようになった。

慶長三（一五九八）年八月、豊臣秀吉は伏見城中で六十三歳の生涯を終えた。同年末に徳川家康は、伊勢に潜伏していたフランシスコ会宣教師ヘロニモ・デ・ヘスースを引見し、スペイン船の関東誘致のための斡旋を依頼した。家康は、ヘロニモに江戸滞留と布教を許可し、これによってヘロニモは、翌慶長四年に江戸にロザリオの聖母教会を建立し、関東布教に着手した。翌一六〇〇年に家康は、ヘロニモを使節としてマニラに送った。そして翌一六〇一年にヘロニモは、マニラから帰着して、すでに関が原の戦いに勝利して覇者となっていた家康に伏見で謁し、フィリピン総督の書簡をもたらしたが、まもなく病没した。

このように家康は、秀吉死去の直後から、徳川氏の拠点である関東と、スペインの支配下にあったマニラや、さらに同じくスペイン領メキシコとの貿易を意図し、その仲介者としてヘロニモに期待し、そのためにフランシスコ会の江戸布教を許可したのである。そして、このスペインとの交渉は、慶長年間（一五九六—一六一五）を通じて行なわれた。

また、秀吉によって伴天連追放令が出された翌年の一五八八年、ヨーロッパではスペインの無敵艦隊がイギリス海軍に敗れた。このスペインの敗北は、「大航海時代」を現出させたポルトガル・スペインのイベリア両国の没落への分岐点となった。半世紀にわたって日本と深い関係を持ったポルトガルの没落と、新教国イギリス、そしてオランダの勃興の影響が、やがて日本に及んでくることは必至のことであった。

慶長五年三月、関が原の戦い前夜に、オランダ船リーフデ号が豊後臼杵に漂着し、イギリス人航海士ウイリアム・アダムズとオランダ人航海士ヤン・ヨーステンが、家康の知遇を得た。ここに、従来の旧教国であるポルトガル・スペインのイベリア両国に加えて、新教国であるイギリスとオランダが、日本をめぐる国際関係に登場してくることになる。新たに登場したイギリスとオランダは、キリスト教布教と貿易を切り離して日本との貿易を望み、後にはともに平戸に商館を建設した。このことは、状況によっては布教と貿易を分離することが可能になりうることを意味する。こうして家康は、対外関係において多くの選択肢を得たのである。しかし、家康の生前中は、両国とも貿易は振るわず、貿易に占めるポルトガルの位置は、半世紀以上にわたる実績を背景に、依然として大きかったのである。

キリスト教布教を黙認

家康は、慶長五（一六〇〇）年九月の関が原の戦いで、石田三成、小西行長らの西軍を破り、その覇権を確定した。この家康の勝利に際して宣教師側は、小西行長がキリシタン大名の有力者であったことから、日本における布教の先行きを憂慮した。しかし、翌慶長六年初めに家康は、宣教師の京都・大坂・長崎での居住を認めた。この点について同年の「イエズス会年報」には、次のように記されている。

……日本の主要都市で、日本人が重要と認める所に居住する許可を天下の君（家康）から与えられたことは、日本全国に住む許可を与えられたと同じことで、これは我等の主に感謝すべきことである。一五八七年（天正十五年）太閤様（秀吉）から追放されてから、少数の人たちが長崎に留る口頭許可を得ただけで、太閤様の死後奉行から数ケ国に広げられたが、今はもっと自由になり、我等にもキリシタンたちにも危険がなくなった。

そして家康は、慶長八（一六〇三）年二月、征夷大将軍に就任して幕府を開くが、同年の「イエズス会年報」は、以下のように家康の開幕を歓迎している。

誰も我が聖教を奉じてはならないという太閤の法律は今も存しているが、公方（家康）は性質が穏やかで、キリシタンに圧迫を加えず、法律を守っていれば干渉しないので、我等は大いに注意してはいるが、これまでに比べれば、この教会は今平和と安寧を楽しんでいるということができよう。

ところで、すでに述べたように家康は、フランシスコ会の宣教師を仲介者として、スペイン領植民地であるマニラ・メキシコとの貿易を図っていたが、その一方でポルトガル貿易の斡旋者として、イエズス会の存在にも注目していた。家康は、慶長九年にポルトガル貿易の仲介者であったイエズス会の宣教師ジョアン・ロドリゲスの訪問を受け、ポルトガル船の欠航で財政難に陥っていたイエズス会に、喜捨や貸付による経済的援助を行なっている。

慶長十（一六〇五）年になると家康は、わずか二年間で将軍職を三男秀忠に譲り、徳川政権の永続化を示した。そして以後大御所として、将軍秀忠とともに徳川政権を軌道に乗せるべく、さまざまな政策を推進していった。翌十一年、日本司教ドン・ルイス・セルケイラが、家康を伏見城に訪れ、さらにその翌十二年にはイエズス会日本準管区長フランシスコ・パシオが、江戸で将軍秀忠を、駿府で大御所家康を訪問した。こうして、イエズス会をはじめ諸修道会の宣教師の日本居住および布教活動が、保証・黙認されることになった。

以上のように家康は、スペイン領マニラ・メキシコやポルトガルとの貿易の進展のために、宣教師の日本居住・布教活動を黙認していた。その結果、この徳川政権の成立当初に、キリシタンは全盛期を迎えることになった。しかし、豊臣秀吉が天正十五（一五八七）年に発令した伴天連追放令や上級武士に対する禁教令は、決して撤回されることはなかったのである。

徳川政権初期の天皇・朝廷とキリシタン

徳川政権初期において家康は、スペイン領マニラやメキシコ、さらにポルトガルとの貿易の進展のために、宣教師の日本居住やキリスト教布教活動を黙認していた。ではこの時期に、天皇・朝廷は、キリシタンに対してどのような態度をとったのだろうか。

まず後陽成天皇は、慶長十（一六〇五）年、京都南蛮寺に備え付けの諸機械や地球儀に興味を持ち、宣教師たちにそれらについて宮廷付工人らに教えるように所望し、さらには密かに南蛮寺を訪れたと伝えられている。そして天皇の弟八条宮智仁親王は、キリシタン大名京極高知の娘を妃とし、その典医は同じくキリシタンの本郷意伯であった。意伯は、禁裡仙洞御所にも伺候したが、後に寛永十一（一六三四）年に逮捕されたといわれている。このように後陽成天皇やその周辺に、キリシタンないしはキリシタンに好意的な人々が存在していたようである。

ところで、十九世紀のフランス人東洋学者レオン・パジェスは、熱心なカトリック教徒としてキリシタン研究に貢献して、多くの著作を残した。その中の一つに『日本切支丹宗門史』があるが、その一六一三（慶長十八）年の条には次のように記されている。

京都では、御自ら二つの尼院の長にあらせられた内裏（後水尾天皇）の御叔母君は、説教を聴くためにお出ましあり、又その御母君と御妹君、即ち前の内裏（後陽成天皇）の御后をお誘ひ遊ばされた。この御三方は、限りなく天主の教を御珍重あらせられ、若しかかる高貴な方々にお定りの例の御障害がなかったら、何れも洗礼をお望みになったことであろう。然し御三方みな、お側の役人のキリシタンになることを許し給うた。

これによると、後陽成天皇は慶長十六年に後水尾天皇に譲位していたが、後水尾天皇や後陽成院の周辺にもキリシタンに好意的な人々が現れてきたことになる。しかし私は、次の箇所に注目したい。それは、パジェスがキリシタンを容認するには「高貴な方々にお定りの例の御障害」があったと指摘している点である。たとえ天皇・皇族が、キリシタンに好意的になったにしても、キリシタンを容認するに至るには、何らかの障害があったのである。

キリシタン黙認から禁止へ

徳川政権の初期においては、半世紀以上にわたる実績を背景に、対日貿易に占めるポルトガルの位置は大きかった。家康が、フランシスコ会宣教師を通じて、スペイン領のマニラやメキシコと図った貿易は、スペイン側が日本との貿易に積極的でなかったことから進展せず、また新たに登場したイギリスやオランダとの貿易もいまだ軌道には乗らなかった。そのために、成立したばかりの徳川政権にとって、ポルトガルとの貿易は必須のことであった。このような状況のもとで、貿易と不可分の関係にあったキリスト教布教は、黙認の形で許されていた。

このようにキリスト教布教は黙認されていたが、家康は、当初より布教の禁止を志向していた。慶長八（一六〇三）年二月に家康は幕府を開くが、先にも述べたように、同年の「イエズス会年報」に収められた九月二日（西暦十月六日）付のイエズス会総会長宛てのマテウス・デ・コーロスの書簡には、「誰も我が聖教を奉じてはならないという太閤の法律は今も存している」と記されており、秀吉の発令した伴天連追放令は、決して撤回されていなかったのである。

また家康は、翌々年の慶長十年、フィリピン総督ドン・ペドロ・デ・アクーニャに書簡を送っているが、その中で次のように述べている。

……尚ほ閣下其地より、屢々日本にある諸宗派に付きて説き、又多く望む所ありしが、予は之を許すこと能はず。何となれば、我邦は神国 xincoco と称し、偶像 vdlos は祖先の代より今に至るまでに大に尊敬せり。故に予一人之に背き、之を破壊すること能はざればなり。是故に日本に於ては決して其地の教を説き、之を弘布すべからず。……（村上直次郎訳註『異国往復書翰集』雄松堂書店・一九二九）

このように家康は、日本は祖先の代より神国であるからキリシタンとは相容れず、家康のみがキリシタンを容認することはできないとして、布教の禁止を通達している。

さて翌慶長十一年四月二十日には、大坂城下において家康の内諾を得た、武士に対するキリシタン禁教令が出されている。このことからも、豊臣秀吉が発令した天正十五年六月十八日付覚書が、まだ有効性を保っており、徳川政権においても禁教の方針が堅持されていたということになる。この法令については、一六〇六年度の『イエズス会日本年報』に記されており、すでに五野井隆史氏によって注目されているが（『徳川初期キリシタン史研究　補訂版』吉川弘文館・一九九二）、最近になって藤井譲治氏によって日本側の史料が紹介された（「慶長十一年キリシタン禁制の一史料」『福井県史研究』一五・一九九七）。そこで以下、この禁教令と、これによって生じた波紋についてみていこう。

慶長十一年三月二十日、京極マグダレナが死去した。京極氏は元来、近江の領主であった。

戦国末期の領主高吉夫妻はキリシタンとなっており、その間の二男三女は、豊臣秀吉の側室となった松丸殿を除いて、すべて入信している。二男高知は、霊名をジョアンといい、その娘は、先に述べたように後陽成天皇の弟八条宮智仁親王の妃となっている。そしてこのマグダレナは、高吉夫妻の末娘であった。

ところでマグダレナをめぐる親戚関係についてだが、母は近江の戦国大名浅井久政の娘で、長政の妹であり、京極マリアと呼ばれる熱心なキリシタンであった。浅井長政の夫人が織田信長の妹お市の方で、長政とお市の方の間には豊臣秀吉の側室淀殿、徳川秀忠の夫人江与、マグダレナの兄京極高次の夫人初の戦国三姉妹がいたことは、よく知られている。そしてマグダレナ自身は、近江国高島郡朽木谷の領主朽木元綱の嫡子宣綱に嫁していた。

さて三月二十日にマグダレナが死去すると、夫の宣綱は、朽木氏の祖先の慣行に従って、葬儀を営むように仏僧に依頼した。このことを知ったマグダレナの母で、宣綱の姑のマリアは、強くこれに反対して、仏式の葬儀を取り止めさせた。そうして数日後、京都でマグダレナの葬儀が、キリシタン式で盛大に執行されたのである。このマグダレナのキリシタン式葬儀は、当然仏僧たちを憤激させた。四月六日に家康が伏見に上洛すると、仏僧たちは、この事態を家康に訴え、さらにはマグダレナの従姉にあたる大坂城の淀殿にも同様に訴えた。淀殿は、家康に

織田・浅井・京極氏関係系図

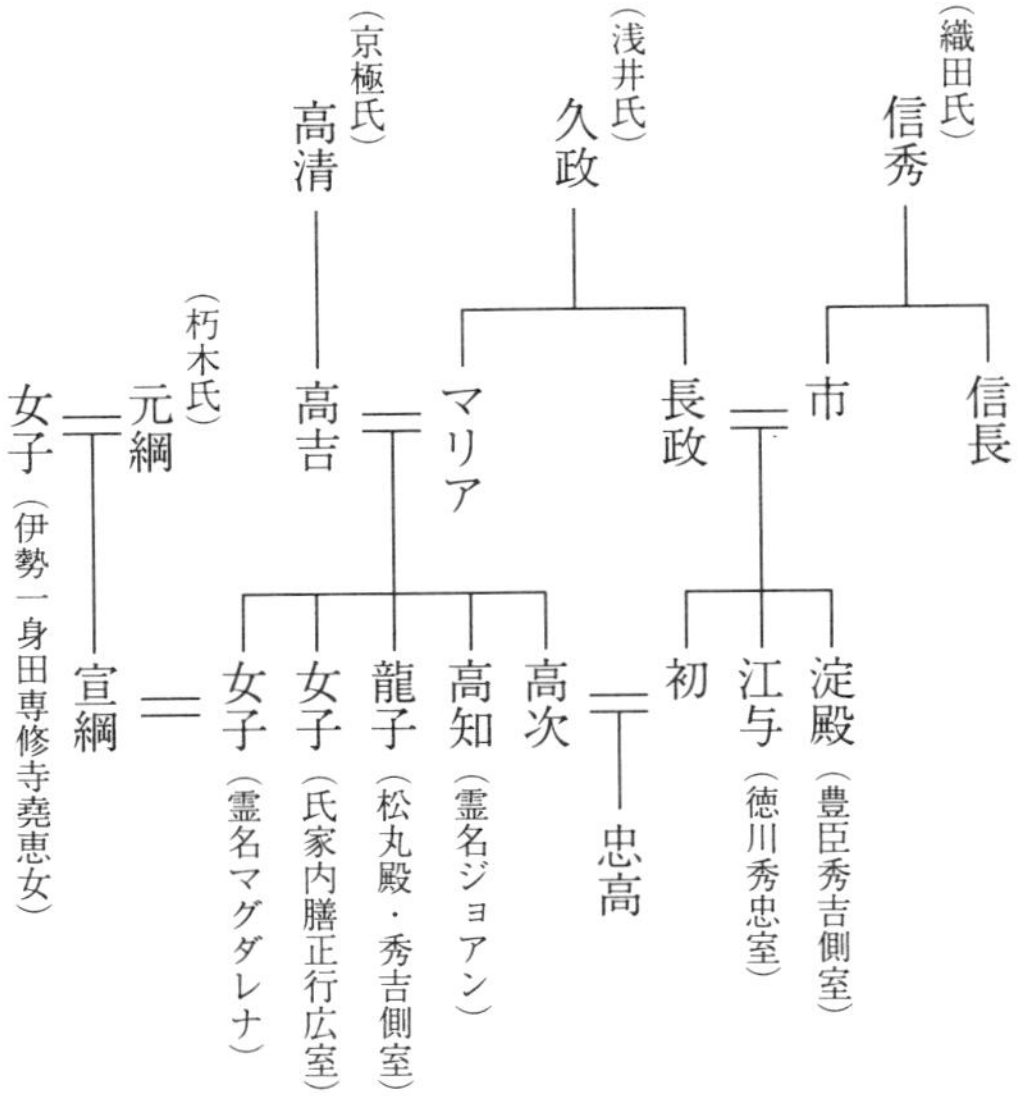

マグダレナのキリシタン式葬儀について不満を申し入れ、その結果、大坂では武士がキリシタンになることを禁止する高札が立てられたのである。

しかしこの四月二十日付のキリシタン禁教令は、キリシタンたちにあまり動揺を起こさなかったようであるが、家康が、決してキリシタンに好意をもっていないことが明らかになった。四月二十六日付で、マグダレナの兄で当時若狭小浜の領主であった京極高次は、朽木元綱・宣綱父子に書簡を送った。両者はともに、この禁教令が出される原因となったマグダレナの兄であり、舅・夫であった。高次は、一族に多くのキリシタンを抱えているだけに、この書簡の中で、「彼きりしたん崇躰之事、大御所様何と哉覧被　仰之通驚存候」と、家康がキリシタンに不快感を表明したことに当惑の意を表わしている。

慶長十七年の動向

以上みてきたように家康は、開幕当初よりポルトガルやスペインとの貿易のために、貿易の仲介者としてキリスト教宣教師の日本居住を認めるものの、本意としては布教の禁止を志向していた。そうして慶長十七（一六一二）年になると、キリスト教禁止を表明するに至っている。そこで次に、同年の動向をみていこう。

すでに述べたように、慶長十（一六〇五）年、家康は将軍職を秀忠に譲り、駿府に引退して大御所として政治を行なうようになり、以後、江戸と駿府との二元政治が展開されるようになった。

こうした中で慶長十七年三月、この駿府政権の実力者であった本多正信の与力岡本大八と肥前日野江城主有馬晴信との間に、贈収賄のからんだ疑獄事件が発生した。大八と晴信の両者がともにキリシタンであり、取り調べが進むうちに、駿府の旗本や侍女の間にもキリシタンが存

伝ジュリアおたあの墓（東京都神津島村）

在していることが明らかになった。この事態を重くみた家康は、三月十一日、キリシタン禁止を表明し、旗本らを対象として十人組を編成させて、組ごとの信者の探索を命じた。その結果、キリシタンとして摘発された原主水らの旗本を改易・追放処分にした。ところでこの時、駿府の大奥の侍女であった韓国人キリシタン、ジュリアおたあも伊豆大島に流罪になっている。おたあは、豊臣秀吉の朝鮮侵略の際に、少女の身で小西行長に捕らえられて日本に連行されてきた。そして行長の妻の教化を受けてキリシタンとなり、ジュリアと呼ばれた。慶長五年、小西行長が関が原の戦いで敗れて没落すると、その後家康の大奥に仕えるようになっていたのである。その後ジュリアは、大島から新島へ、さらに神津島に移された。

さて家康は、同年六月、メキシコ総督に宛て、次のような書簡を送っている。

……抑吾邦者神国也、自開闢以来、敬神尊仏、仏與神垂跡同而無別矣、堅君臣忠義之道、覇国交盟之約無渝変者、皆誓以神為信之証、能守正者必得賞、叨成邪者必得罰霊験新如指其掌、仁義礼智信之道豈不在於茲乎、貴国之所用法、其趣甚異也、於吾邦無其縁歟、釈典曰、無縁衆生難度、於弘法志者可思而止、不可用之……（村上直次郎訳註『増訂異国日記抄』雄松堂書店、一九二九）。

ここで家康は、日本は神国であり、君臣関係や覇国交盟の誓約、つまり主従・領主間の結集が、神仏への起請をもってなされるとし、キリスト教の排除を宣言している。家康もまた、豊臣秀吉と同じように、日本が神国であるがゆえに、キリシタンとは相容れないとするのである。

また幕府は、八月六日、五カ条の「条々」を出しているが、その第二条で、「伴天連門徒御制禁也、若有違背之族は、忽不可遁其科事」と、キリスト教の禁止を表明した（『御当家令条』巻二九・三七三号）。この禁令の対象については諸説があるが、たとえば、キリシタンが多く存在した豊後臼杵藩では、この禁令によってただちに弾圧が開始され、宣教師は追放されている。

なかにはこの禁令に従わず、宣教師の滞在を黙認していた地域もあるにはあったが、いずれにせよ、この時点で江戸幕府は、キリスト教の禁止を表明したのであり、豊臣政権がキリスト教の布教を規制したが、信仰を禁止しなかったのに対し、徳川政権は信仰そのものを禁止するに至ったのである。

神国とキリシタン―天皇の登場―

以上みてきたように幕府は、慶長十七年八月六日付の法令で、キリシタン禁止を表明した。翌慶長十八年十二月には、家康の側近崇伝《すうでん》の起草による伴天連追放文が作成され、将軍秀忠によって全国に布告された。そして、幕閣の筆頭年寄の大久保忠隣《ただちか》がキリシタン総奉行に起用されれ、京都での弾圧が開始された。忠隣はまもなく、駿府政権の中枢にいた本多正信父子との抗争に敗れて改易されるが、これ以降、キリシタン弾圧が本格化していくことになる。

そして慶長十九年一月に、各地の宣教師や高山右近らの有力なキリシタンが、長崎に護送されることになった。さらに同年秋に、長崎に集められた宣教師たちは、長崎からマカオとマニラに追放された。これを「大追放」と呼ぶが、この大追放が行なわれたのは、大坂の豊臣方勢力とキリシタン勢力との結びつきを恐れたためともいわれる。秀吉の伴天連追放令によって改易された高山右近は、その後同じくキリシタン大名の小西行長に匿われ、さらに前田利家・利長父子に庇護されていたが、この大追放によってマニラに送られて、同地でその波瀾に富んだ生涯を終えたのである。

さて、崇伝起草の伴天連追放文の中で、「日本者神国仏国而尊神敬仏、専仁義之道、匡善悪之法」というように神道・仏教・儒教の三教一致思想による神国論が展開されており、キリシタンは、この神国論によって、排除されなければならないとされている。では、徳川政権にとって神国とは、どのような意味を持っていたのだろうか。

前述したように、慶長十七年六月にメキシコ総督に送った書簡の中で家康は、「君臣忠義之道」や「覇国交盟之約」が神仏への起請によってなされるとしている。つまり、神仏への起請によって、主従・領主間を結集して支配を安泰にすることが求められているといえよう。このようにして、日本が神国であることによって、神仏への起請が保証されたのである。

さて、この神仏への起請は、平安末期以来、武家社会のみならず民衆の間にも広く行なわれていた。そうして社寺発行の霊紙、特に牛王《ごおう》宝印紙を用いて、「敬白起請文之事」という前書きに誓約箇条を挙げ、宣誓する氏神その他勧請の神仏名を列挙して、また違約の場合は天罰を被る旨の罰文を付した誓詞（起請文）が、誓約に際して取り交わされていた。

しかし、キリスト教が伝来すると、キリシタンは、神仏の名にかけた誓約を認めなかったので、社会のさまざまな局面で矛盾が生じてくることになる。そのために統一権力が成立してくると、その支配を安定させるためには、神仏への起請も不可欠であり、これを保証するものが神国であったのである。つまり、家康にとっての神国とは、徳川政権の支配を安泰にするためのものであったのではなかろうか。

そして、この神国の主である神々の序列の頂点に立つのが、天皇の祖先神とされる天照大神であり、また人間を神として祀るために神号・神位を授与するのが天皇・朝廷であった。キリシタンの排除に神国の論理が提出されてくると、天皇はキリシタン排除に一定の役割を担うようになってくるのではないだろうか。後のことになるが家康は、死に臨んで、日光山に堂社を建立して関八州の鎮守として祀られるように遺言しているのである。

伊勢踊りとキリシタン—天照大神の役割—

慶長十九（一六一四）年八月より翌元和元（一六一五）年にかけて伊勢踊りが、伊勢・京都・阿波・土佐・名古屋・駿府に大流行した。元和七（一六二一）年に日本イエズス会管区長マテウス・デ・コーロスは、長崎で日本におけるキリシタン迫害の諸原因に関する報告をイエズス会総会長に宛てて記したが、その中でこの伊勢踊りについて、次のように述べている。

一六一四年に聖福者の諸使徒がマカオやフィリピンに追放された何カ月か後、内府の命令によって、この（日本の）島々やその諸町村の全般にわたって、異教徒が日本の特別な守護神と考えている、伊勢国の参詣者の多くて深く崇拝されている天照大神と称する神の栄誉のために、舞踏が行なわれました。踊りまわる時、踊りに合せて何かの歌を唄うのが日本人の習慣でありますから、その時も踊りに唄うべき歌が宮廷から命ぜられました。その歌の意味は「異国の野蕃人が日本を奪いに来た。しかし神の国であるからそれはできないだろう。立ち去れ、立ち去れ。」ということであります。

一六一五年に私が日本へ戻ったときに、身分の高い数多の人々が、この一般的な踊りとその歌は私たちや私たちの宗教から日本を救ってくれたことに対する天照大神への感謝の表われであることは確かだと思うと私に語り、彼らは私たちを追放したことや有馬の領内で多数のキリシタンを殺したことによって、キリスト教は全く消滅したと信じていました。これがさらに確実であると思わせたのは、左兵衛が私たちの追放やある聖人たちの死を宣告した者である、という事実であります。彼は、常にキリスト教に対して憎悪を抱き、それを示していたばかりでなく、伊勢国の生まれであり、天照大神に深く帰依しています（J.L.Alvarez-Taladriz 著・佐久間正訳「十六・七世紀の日本における国是とキリシタン迫害」『キリシタン研究』一三・吉川弘文館・一九七〇）。

つまりコーロスによれば、慶長十九年のいわゆる「大追放」の後に内府（家康）の命令で伊勢踊りが行なわれ、この際に唄うべき歌が宮廷（ここでは幕府を指す）から命ぜられ、その歌の内容は、神国によって日本を奪いに来たキリシタンを排除するものだった。そして伊勢踊りが、天照大神がキリシタンを排除したことに対する感謝の踊りであるとして、さらにその根拠として、キリシタン迫害に深く関わった「左兵衛」が、伊勢国出身であり天照大神に帰依していることを挙げている。この「左兵衛」とは、家康の側室お夏の方の兄で、駿府政権の吏僚の一人であった長谷川藤広のことである。左兵衛藤広は、慶長十一（一六〇六）年に長崎奉行になり、ポルトガル貿易やキリシタン禁制に辣腕を振るった。そして彼は、慶長十七年の肥前におけるキリシタン取り締りや、同十九年の「大追放」を担当していたのである。

しかし、慶長十九年より始まった伊勢踊りに幕府が関与したという日本側の記録はなく、むしろ十年後の寛永元（一六二四）年に、幕府から伊勢踊りに対して禁制が出されている。また、伊勢踊りとキリシタン排除とが関係があるという点も、日本側史料では確認できない。

しかし、土佐一宮で行なわれた伊勢踊りでは、踊りの前に「抑、是ハ天照大神ニ仕え奉る神主にて候。然ハ今度、むくり（蒙古）、こくり（高句麗）、日本ニ望ヲかけ、打渡り候処ニ、御伊勢の計事を以て御太地（退治）被成候。其仍、天下泰平、国土安穏ニ納候。其故、御伊勢様より御法楽の踊仕候へとの御神託ニまかせ、日本へ踊ヲ広め申候。各々御見物可被成者也。如件」とその趣旨が述べられ、そして、「御伊勢山田の神まつり、むくり、こくりを平らけて、神代、君代の国々の千里の末迄ゆたかにて、老若男女、貴賎、都鄙、栄え栄うるめてさたよ。御伊勢踊りを踊り候てなくさみみれば、国も豊かに、千代も栄えて、めてさたよ」という歌が唄われたことが、西垣晴次氏によって指摘されている（『ええじゃないか―民衆運動の系譜―』新人物往来社・一九七三）。このように歌の意味は、大筋においてコーロスの記述と土佐一宮の記録が一致している。

したがって、コーロスの記述は誤認もあるであろうが、少なくとも宣教師側に、天照大神を中心とした神国によって、キリシタンが排除されたと受け取られる状況があったことを示唆していると思われる。

以上のように、家康政権末期になって、キリシタンは排除されることになった。慶長十八年十二月に出された伴天連追放文によって、キリシタンは、日本が神国であるがゆえに排除されることが宣言された。この神国の主である神々の序列の頂点には、天皇の祖先神とされる天照大神が存在していた。そしてこのことは、宣教師側によっても次のように認識された。すなわち、キリシタンは侵略宗門とされ、その排除は日本が神国であるということを根拠にしてなされるのであり、その中心には天皇の祖先神である天照大神が存在しているのである。

六　徳川秀忠・家光とキリシタン

家康の死

元和二（一六一六）年四月、徳川家康は死去した。慶長十九（一六一四）年冬および同二十年夏の両度の大坂の陣によって、豊臣氏が滅亡したことを見届けてからの死であった。家康は、死後朝廷によって東照大権現となり、最初は久能山に、後には日光東照宮に祀られ、神国の主である神々の一人となった。

家康の晩年にそのキリシタン政策は、急転回した。すなわち、従来のポルトガル・スペイン貿易の推進のための宣教師の日本在住、布教活動の許可・黙認から、宣教師の日本からの追放、キリスト教禁止へと変化したのである。これは、スペイン領との通商交渉がなかなか進展せず、また新教国イギリス・オランダの登場などによる日本をめぐる国際情勢の変化などによるのであるが、ともあれ家康は、その晩年にキリスト教禁止を宣言したのである。

そして、慶長末期よりキリシタン弾圧が開始され、同十九年秋には、いわゆる「大追放」によって宣教師や高山右近らの有力なキリシタンが、長崎からマカオ・マニラに追放された。同年冬と翌二十年夏の両度の大坂の陣によって、キリシタン弾圧は中断されるが、翌元和二年四月に家康の死を迎えることになる。

このように慶長末期に家康は、キリスト教禁止を宣言して弾圧を開始したが、これに対する各地の対応はさまざまであった。たとえば、キリシタンが多く存在していた豊後諸藩の場合、臼杵藩では直ちにキリシタン弾圧を開始して領内に在住していた宣教師たちを追放しており、また府内藩でも弾圧を始めたが、岡藩ではこの時期には宣教師の滞在を黙認していた。このように豊後諸藩においても、幕府のキリシタン禁制への対応はまちまちであるが、眼を松前に転じると、松前藩では慶長十七年に幕府がキリスト教禁止を表明した後に布教が始められ、元和四(一六一八)年にイエズス会の宣教師ジェロニモ・アンジェリスが松前に渡島した時に、藩主松前公広は、松前は日本ではないとして宣教師の滞在を許可している(H・チースリク『北方探検記』吉川弘文館・一九六二）。また備前岡山藩でも、元和五（一六一九）年まで宣教師の巡回が黙認されていた（浦川和三郎訳『元和五・六年度の耶蘇会年報』東洋堂・一九四四）。

つまり家康政権末期には、キリスト教禁止が表明されはしたものの、その実施は、必ずしも日本各地で行なわれなかったのである。キリシタン禁制の本格的な実施の課題は、秀忠・家光政権期に残されることになる。

ところで、この家康政権期において、キリスト教黙認から禁止へと転回していく過程で、天皇・朝廷が、織豊政権期のようにキリシタン問題に介入した形跡がほとんどみられないことに、留意しておきたい。

宗教勢力と幕府・朝廷―紫衣事件序曲―

ここでは、幕藩制初期におけるいわゆる「朝幕確執」、つまり幕府と朝廷の対立した事件で最大のものとされる紫衣事件を取りあげ、宗教勢力をめぐる朝幕関係について考え、その延長線上にみえてくる天皇・朝廷とキリシタン排除との関わりを展望していこう。

幕府は、慶長十八（一六一三）年、勅命によって紫衣着用を許される大徳寺・妙心寺など八カ寺の住職になるためには、勅許を受ける以前に幕府の同意を得る必要があるとする「勅許紫衣法度」を発布した。さらに豊臣氏滅亡後の元和元（一六一五）年、「禁中並公家諸法度」および諸宗の本山本寺に対する法度でも、出世入院（住職になること）・上人号・着衣などに関する規制を設けた。このように幕府は、これまで天皇・朝廷が保持していた宗教勢力に対する権限を規制して、両者の切り離しを図ったのである。

しかし、幕府が定めたこれらの規則は、なかなか遵守されなかった。そこで幕府は、寛永四（一六二七）年七月に至って、元和以降の諸宗の主要な寺院への出世入院、僧侶への上人号および紫衣着用の勅許を無効とした。勅許紫衣法度の発布から、すでに十四年が過ぎていた。

このような幕府の措置に対して、大徳寺の沢庵宗彭《たくあんそうほう》・玉室宗珀《ぎょくしつそうはく》・江月宗玩《こうげつそうがん》、妙心寺の単伝士印・東源慧等らは抗議したが、幕府は、寛永六年に至って、沢庵らを配流処分にした。これによって後水尾天皇は、にわかに譲位して幕府に抵抗したのである。この一連の事件が、いわゆる紫衣事件である。

この紫衣事件については、従来、辻善之助氏らに代表して指摘されるように、幕藩制初期における「朝幕確執」の最大の事件であり、これによって天皇・朝廷と宗教勢力との切り離しが図られ、宗教勢力をめぐる朝幕関係において幕府の優位が確定したという評価がなされている

（『日本仏教史』第八巻近世篇之二・岩波書店・一九五三）。このような評価は、その限りでは正しいと考えられる。しかし、これだけではその後の朝幕関係を展望できない。この点について深谷克己氏は、紫衣事件を「宗教勢力の意義を小さくする政策でもなく、朝廷勢力を滅亡させる政策でもない」とされているが（「幕藩制国家と天皇」・北島正元編『幕藩制国家成立過程の研究』吉川弘文館・一九七八）、朝廷と幕府の両者は、以後、確執しっぱなしだったわけではなく、当然、新たな関係が形成されてくるはずである。

では、紫衣事件によって方向づけられた新たな朝幕関係とは、どのような特質を持つものであったのだろうか。この問題について考えるために、以下、この事件の当事者である沢庵・玉室・江月の三僧の行跡を、紫衣事件以前と以後の両方から検討し、三僧をめぐる朝幕関係の特質を明らかにして、それによって幕藩制国家の成立に果たした紫衣事件の役割を位置づけていこう。

沢庵・玉室・江月の経歴—紫衣事件以前—

ここでは、紫衣事件に至るまでの三僧の経歴についてみていき、三僧の共通点を探っていこ

沢庵和尚木像（南宗寺蔵）

う。

まず沢庵は、天正元（一五七三）年、但馬国出石で、当時の出石城主山名氏の家臣である秋葉氏を父として出生した。同十（一五八二）年、十歳の時に出石の浄土宗唱念寺に入り春翁と称したが、同十四年に同国宗鏡寺希先に参じて禅宗に転じた。さらに文禄三（一五九四）年、二十二歳の時に大徳寺の塔頭三玄院に入って春屋宗園の門下となり、諱を改めて宗彭とした。慶長九（一六〇四）年、三十二歳の時に、春屋の法兄にあたる堺の陽春庵の一凍紹滴の法を継ぎ、その印可（認可）を受けて沢庵の号を授けられた。慶長十四（一六〇九）年、詔によって大徳寺一五三世の住持となった。いわゆる出世入院であるが、その後沢庵は、堺の南宗寺などに住する一方、諸方に隠遁していたが、やがて紫衣事件に遭遇するのである。

次に玉室は、元亀二（一五七二）年、京都西陣の園部氏に出生した。大徳寺の春屋宗園とは、同族であったこともあって、天正十四（一五八六）年、十五歳の時に春屋について剃髪し、慶長十二（一六〇七）年、後陽成天皇の勅を奉じて大徳寺に出世し、一四七世住持となった。この頃、加賀藩主前田氏の帰依を受け、前田利家未亡人芳春院のために建立された、大徳寺の塔頭芳春院の開祖となっている。元和六（一六二〇）年、後水尾天皇より直指心源禅師の号を特賜され、同八年には大源庵を建立したが、その後紫衣事件に至ったのである。

最後に江月についてであるが、江月の門下の江雪宗立が編した『大梁興宗禅師年譜』（以下『年譜』と略す）によって、その経歴をみていこう。江月は、天正二（一五七四）年、堺の豪商で茶人でもある津田宗及の子として生まれた。同十六年、十五歳の時に春屋宗園について出家し、そして慶長十一（一六〇六）年に春屋より江月の号を賜った。同十五年に詔を賜り大徳寺に出世、さらに寛永二（一六二五）年、五十二歳の時に、後水尾天皇の勅によって大梁興宗禅

江月宗玩画像（吉川弘文館『国史大辞典』より）

師の号を賜るのである。

一方江月は、慶長五（一六〇〇）年に黒田長政から外護を約束され、また慶長年間に小堀遠州政一との親交も生じている。そして元和元（一六一五）年には、徳川家康・秀忠に謁し、同四年にも江戸に赴いて秀忠らに謁している。さらに寛永三（一六二六）年、秀忠夫人浅井氏（崇源院）が死去したが、この際に大徳寺住持職として江戸に行き、崇源院夫人の死を弔問している。

このように江月は、将軍家お

よび大名と親密な関係をとり結んでいたが、一方では後水尾天皇の同母弟である近衛信尋・高松宮好仁親王・一条昭良の帰依もうけていた。『年譜』の元和五（一六一九）年の条には、「前関白近衛信尋公入室咨参仰瞻宗風焉」とあり、同九年の条に、「高松宮好仁親王、前摂政一条昭良公問道親謹、日々声誉蕩々然矣」と記されている。

以上、沢庵・玉室・江月の三僧の紫衣事件以前の行跡についてみてきたが、次のような共通点を挙げることができるだろう。三僧は、いずれも室町幕府滅亡の年をはさんで、相前後して出生し、豊臣政権期に禅僧としての修行を積み、大徳寺の春屋宗園の法嗣あるいは門下である。そして、勅命により出世入院し、特に玉室・江月の場合は、さらに勅命によって禅師号を与えられている。また沢庵は、慶長十六（一六一一）年、近衛信尹《このえのぶただ》らの招きを辞退しているし、玉室は近衛信尋の、江月は近衛信尋・高松宮好仁親王・一条昭良の帰依をうけていることからも理解できるように、三僧とも後水尾天皇をめぐる朝廷の親王・公家らと深い関係を結んでいたといえる。

一方で三僧は、江月の場合に顕著なように、紫衣事件以前の段階において、将軍家および大名家ともさまざまなつながりがあった。沢庵は、生涯を通じて、その郷里の但馬出石の城主小出吉英と親交があったが、その他慶長十六（一六一一）年には豊臣秀頼・細川忠興の招きを辞退している。また玉室は、先に述べたように、加賀藩主前田氏の建立した大徳寺芳春院の開祖となっており、江月は、徳川家康・秀忠にたびたび謁するとともに、黒田長政・小堀遠州らとも親交があったのである。

このように三僧が、紫衣事件以前に、朝幕双方とさまざまな関係を取り結んでいたことを、確認しておこう。そして三僧が、このような関係を結べたいま一つの要因として、三僧がともに茶人として著名であるという点が挙げられる。そこで以下、三僧と茶の湯との関係を明らかにすることによって、朝幕関係における三僧の役割に言及することにしよう。

三僧と茶の湯

元和期から寛永期にかけて、将軍秀忠と家光を中心とした茶会がしばしば開催された。この幕府における茶道、すなわち柳営茶道を指導したのは、将軍家茶道師範として秀忠に仕えた古田織部、家光に仕えた小堀遠州、家綱に仕えた片桐石州らであった。このような状況の中で、幕府の組織の中に、茶の湯が職制化されていく。すでに元和初年、茶道頭（後に数寄屋頭と改称）が設置され、この下に数寄屋坊主組頭（数寄屋組頭）・数寄屋坊主・露次の者という職制が整備されるのである。また、有名な御茶壺道中も慶長末年頃より始まり、寛永十（一六三三）年に制度化されている。この御茶壺道中とは、幕府から採茶師を茶の名産地宇治に遣わし、茶師上林家で新茶を詰め、江戸へ持ち帰る行事のことで、「ズイズイズッコロバシ胡麻味噌ズイ、茶壺に追われてドッピンシャン、抜けたらドンドコショ」などと唄われて、幕府の権勢を誇示したものであった。

一方、後水尾天皇を中心とする公家社会においても、茶の湯が流行した。茶の湯は、元来、奈良・京都・堺の富商や新興大名に荷担されて興隆したために、初め公家社会とは比較的疎遠な関係にあった。しかし、秀吉の頃からしだいに公家社会に浸透するようになり、大名茶、大町人の茶や隠者の茶に対して、公家茶とも呼ぶべき茶の湯が成立するに至ったのである。そして、近衛信尹・信尋、一条昭良らの公家茶人が出現するが、後に公家茶の発展に中心的役割を果たしたのが、金森宗和の指導をうけた後陽成天皇の皇子で後水尾天皇の弟である梶井宮慈胤法親王であった。

このように朝幕双方における茶の湯の流行という状況の中で、沢庵・玉室・江月の三僧と茶の湯との関わりは、どのようなものであったのだろうか。

三僧は、先述したように、いうまでもなく大徳寺の僧であるが、そもそも、茶の湯と大徳寺との関係は深かった。それは、茶の湯の「開山」といわれる村田珠光が、大徳寺四八世一休宗純に帰依したことから始まる。以後、武野紹鷗《たけのじょうおう》・千利休が大徳寺に参禅したために、大徳寺と茶の湯は、深い関係を持つことになった。

そして、沢庵の茶の湯の師は小堀遠州であり、玉室は、古田織部・小堀遠州と交流を結ぶとともに、また片桐石州の師でもあった。江月は、堺の豪商茶人である津田宗達・宗及の文字通り血統をうけ、茶道具の鑑定秘伝書ともいうべき『天王寺屋会記』を譲られていた。とりわけ、江月と小堀遠州との関係は深かった。両者の交流は、遠州が江月の師である春屋宗園に参じたことによって深まり、慶長十七（一六一二）年に遠州が、大徳寺の塔頭孤篷庵を造った時、江月は、『孤篷庵記』を書いて餞としている。また、名庭として今に伝えられる、孤篷庵の書院式茶庭『忘筌』も、江月の創案によっている。そして後に、遠州の実子江雪宗立は、江月の弟子となり、江月の伝記である『大梁興宗禅師年譜』を編したのである。

このように三僧は、師弟関係や交友関係などで、将軍家茶道師範である古田織部・小堀遠州・片桐石州と密接に結びついていた。では、三僧と公家茶との関係はどうだったのだろうか。

元和六（一六二〇）年、但馬宗鏡寺の後山に投淵軒という小庵を結んで自適の生活を送って

孤篷庵（雄山閣出版『茶庭』より）

いた沢庵のもとに、烏丸光広、高松宮好仁親王らが訪れている。この烏丸光広は、歌道・書画・茶道に堪能な、後水尾天皇をめぐる宮廷文化、いわゆる「寛永文化」の指導者の一人である。さらに沢庵は、近衛信尋とも親しく、後に正保二（一六四五）年、信尋の号「応山」を撰んでいる。また、先に述べたように玉室は、近衛信尋の帰依をうけており、江月は、高松宮好仁親王・近衛信尋・一条昭良らと親交があった。一条昭良は、後に茶の湯を金森宗和に学び、洛北に恵観山荘を営んでいる。このように三僧は、公家茶人たちとも多様な交流関係があったのである。

以上のように、朝幕双方の茶の湯の流行という状況下にあって、沢庵・玉室・江月の三僧は、紫衣事件以前の時期において、朝幕双方の茶人と密接に結びついていた。幕藩制初期に、柳営茶道と公家茶とは、それぞれ独自の茶の湯を成立させつつも、沢庵・玉室・江月らの茶人を媒介にして交流していたともいえよう。茶の湯は、朝幕間を交流させる人脈を形成していたのである。これらのことを念頭に置きながら、以下、紫衣事件当時とその後の三僧の行跡をみていくことにしよう。

紫衣事件と三僧

すでに述べたように、寛永四（一六二七）年七月、幕府は、元和以降の諸宗の主要な寺院への出世入院、僧侶への上人号および紫衣着用の勅許を無効とした。この幕府の措置で最も大きな打撃をうけたのは、臨済宗の大徳寺と妙心寺であった。そのために、両寺では幕府の措置をめぐって紛糾し、幕府に強硬に抗議する強硬派と幕府に従う穏和派（軟派）とに分裂してしまった。

翌寛永五年春、沢庵・玉室・江月は、三僧連著の抗議の書を京都所司代板倉重宗に提出した。さらに三僧は、寛永六年二月に相前後して京都を発って江戸に向かった。これに対して幕府は、七月に判決を下し、沢庵は出羽上山に、玉室は陸奥棚倉に配流されることになった。またこの時に、妙心寺の強硬派東源は津軽に、単伝は出羽由利に流されている。しかし、江月のみは、何故か赦免されている。そしてこの事件が引き金になって、後水尾天皇は、にわかに譲位を決意したのである。

このように、江月のみが赦免された理由については、さまざまな推測がなされている。たとえば江月が、以前から幕府の宗教政策に深く関わり、紫衣事件を主導した崇伝と親しかったとするものや、江月が堺商人の子で実務に明るく、当時大伽藍の復旧を行なっていた大徳寺の財政的な責任者として、欠くことのできない存在だったとするものなどである。

しかし、いずれにせよ、江月が赦免されたことによって、世人の江月に対する評判は悪くなった。「降る雨に沢の庵も玉の室も流れて残るにごり江の月」という落首や、「かけてわろき物　ふるすだれ、ふるげた、やせ馬、ふるのれん、江月の墨跡」という落書も出た。江戸では、江月の掛物が破りすてられたといわれる。

けれども、その後の江月の行跡をみていくと、その赦免は、幕府にとって紫衣事件幕引きのための一手段であったのではないかと思われる。紫衣事件後江月は、江戸に滞在して沢庵・玉室の赦免をたびたび幕閣に働きかけた。そして流罪から三年後の寛永九（一六三二）年に、両者は、謫地より江戸に戻された。寛永十一年になると老中稲葉正勝は、江月に帰依して大徳寺の法堂の再興を望み、黄金三千両を寄付した。正勝はまもなく死去したが、将軍家光は、江月を召して沢庵・玉室とともに大徳寺に帰り、法堂を再興することを命じた。寛永十三年、法堂が落慶し、大徳寺はその黄金期を現出することになる。同年、大徳寺開山大燈国師の三百遠年忌のために江月は、家光の許しを得て、沢庵・玉室とともに帰洛することになる。この時に家光は、江月に「白銀千両并衣数襲」を与えているがこれによって江月は、この白銀で「方石百枚」を買って、山門門下に敷舒している。さらに寛永十八（一六四一）年、大徳寺・妙心寺の出世入院が復旧し、紫衣事件は解決したのである。

紫衣事件以後の三僧

では、紫衣事件以前において、朝幕双方と多様な関係を持っていた三僧は、紫衣事件に遭遇することによって、その後、どのような行跡を辿ったのだろうか。このことについて、特に朝幕双方との関わりを中心に、みていこう。

沢庵は、先に述べたように寛永十一（一六三四）年に帰洛したが、その際に当時上洛していた家光に、二条城で謁している。そして翌寛永十二年になると、柳生宗矩らの斡旋によって、江戸に請ぜられることになった。この柳生宗矩は、これより以前、沢庵に参禅したことがあったのである。そして、剣法家として将軍に仕え、家光の信任をうけ、寛永九年には総目付として諸大名の監察にあたっており、幕閣の要職に就いていた。以後沢庵は、家光の帰依をうけた。寛永十五年に家光は、沢庵のために品川に東海寺を創建した。東海寺は、臨済宗に属して大徳寺末寺として朱印寺領五百石を領した。家光は、しばしばこの東海寺を訪れている。

玉室もまた赦免後、江戸滞在中に家光より聴問されて、禅要を説いている。その後、沢庵や江月とともに大徳寺の法堂の再興や大燈国師三百遠年忌に関わったが、寛永十八（一六四一）年、病床で大徳寺出世入院の復旧を聞き、示寂した。

江月は、寛永十三（一六三六）年に大燈国師の三百遠年忌を済ませた後、春より秋にかけて江戸に滞在したが、『年譜』には「大樹、政務之暇、時々召師咨扣宗門ノ関捩」とあり、家光より帰依をうけているのがわかる。

寛永十四年、肥前平戸藩主松浦隆信が死去し、江戸下谷の興徳寺に葬られた。そして同年、平戸でもその法事が行なわれた。この隆信は、江月の檀那の一人であった。そのために江月は、隆信の嗣子鎮信の依頼によって、平戸に出かけて隆信の仏事供養を営んだ。

そしてこの時に、オランダ商館長は、江月に挨拶に出向いている。『平戸オランダ商館の日記』一六三七年九月六日（寛永十四年七月十八日）の条には、次のように記されている。

午後プレジデントは上級商務員フランソワ・カロンと共に、贈り物を持って、大僧正に挨拶に行った。彼は皇帝の命令により、故平戸侯の墓所の祭を行うため、当地まで下って来たのである。

九月十一日（寛永十四年七月二十三日）、オランダ商館長は、江戸に帰る「大僧正コンギッ」（江月のこと）に別れの挨拶に赴いた。その時江月は、平戸侯はオランダ人の親友だった。私は最高の閣老と共に、彼がオランダ人のために熱心に話すのを度々聞き、彼が貴下に非常な好意を持っているのを知った。そこで私には、貴下が親友を失ってどれ程悲しんでいるか、よくわかる。しかし元気を出す様に。何故なら彼の息子肥前様はよい生れで、皇帝の好意を得ている。そこで貴下に対する好意の点で、彼の父の先例にならうことは疑いない。

と述べている。この時商館長は、江月にオランダ商館への来訪を願っている。

さらに九月十五・十六日の条には、次のように記されている。

今日、大僧正コンギツが、通りがかりに商館を視察に来た。いろいろな酒と料理でよくもてなした後、彼は帰った。そして多数の船と共に、彼は上方への旅行を進めた。

すなわち江月は、その檀那の一人である平戸藩主松浦氏のために、オランダ貿易に関して幕閣に働きかけることが可能な存在として、オランダ商館長から期待されうるような立場にあったといえる。

以上のように、沢庵・玉室・江月の三僧は、ともに紫衣事件後、将軍家光の帰依を受け、江月にみられるように、幕閣にその檀那のために、さまざまな斡旋を行ないうるような立場にさえあったのである。しかし、家光の帰依を受けたからといって、決して朝廷側との関係は途絶えていない。

沢庵は、寛永十一（一六三四）年八月、後水尾上皇に召されて法話を行なっており、さらに寛永十五年にもしばしば召されて『原人論』の講義などをしている。また正保元（一六四四）年、後水尾上皇より嗣法を勧められている。

江月もまた、寛永十五年、高松宮好仁親王が薨去した際には、遺言によってその遺骨を自ら住した大徳寺竜光院に安置するなど、朝廷の貴紳との関係を保持するのである。

以上述べてきたように、三僧ともに、紫衣事件以後においても、従来からの朝幕双方への多様な関係を保ち、むしろ将軍家光の帰依を受けることによって、幕閣に政治的発言を行ないうるような立場を獲得したと思われる。すなわち沢庵は、能見物や茶の湯に召されてしばしば登城し、家光の歓待を受け、また家光は、しきりに東海寺の沢庵のもとに赴いている。沢庵がどのような政治的発言を行なったかは不明であるが、それを行ないうる立場にはあったといえよう。また江月も、先に述べたように、オランダ商館長から、幕閣にオランダ貿易に関して斡旋できうる立場を期待されたのである。

このように三僧は、朝幕双方への多様な関係を保持してきた。そして玉室は、紫衣事件後まもなく病床に臥したが、沢庵・江月は、さらにキリシタンを排撃する排耶活動に関わっているのである。以下、この問題に注目しよう。

沢庵と排耶活動

寛永十四（一六三七）年十月末、島原・天草一揆が勃発した。沢庵は、その書簡の中でこの一揆について、「大ウス皆コロビ申者共成返、一揆ヲ起、村々皆一味仕候テ」と記しており、「立ち帰りキリシタン」による一揆と考えていた。

さて、一揆勃発の報らせは、十一月九日に江戸に到着した。幕府は、征討上使として板倉重昌と石谷十蔵を任命した。十二月十九日、板倉に率いられた幕府軍は、島原の原城に立てこもる一揆勢に総攻撃を行なったが、大敗北を喫した。翌十五年元旦、板倉重昌は再び総攻撃を行ない、壮絶な討死を遂げた。

この板倉敗死の報は、正月十一日に江戸に達した。沢庵は、翌十二日付で、一揆征討に出陣の命令をうけて出発する細川忠利に、次のような書簡を送った。つまり、板倉敗死の報を聞いた家光が、「いのし、むしや（猪武者）とやらんニ、無方かゝりニかゝり候て、被相果候事、沙汰之限とて」と激怒していることを告げ、「御分別之為ニ成事にて候」と注意を促し、さらに「目出度やかて御吉左右承候」とその出陣を激励している。

二月末に至ってようやく原城は落城したが、沢庵は一揆終焉後の三月十三日付で、郷里の但馬出石城主小出吉英に宛てて以下のような書簡を記している。すなわち、「島原事迄すミ候間、去月廿七日ニ落城申候。珍重之儀、上之機嫌能、弥御気色御息災目出度儀候」と、一揆が終焉して家光の機嫌が良く、目出度いというのである。

このように沢庵は、自ら「立ち帰りキリシタン」による一揆と考えた島原・天草一揆に際して、それを討伐するために出陣する細川忠利を激励し、またその殲滅を「珍重之儀」「目出度儀」と慶賀したのである。

ところで、島原・天草一揆が終焉した寛永十五年の末に、仙台で四人の宣教師が捕縛された。この事件について、十七世紀中葉に成立した『契利斯督記』には次のように記されている。

大猷院様御代嶋原一揆落城以後、従仙台伴天連寿庵、マルチイニヨ市左衛門、キベ〱イトロ召捕参候、評定場江四度出申候へドモ、御穿鑿キワマリ不申、其後讃岐守下屋敷江被為成、三人ノ伴天連被召出、沢庵柳生但馬守其外寄合、宗門ノ教御尋、二三日過、中根壱岐守為上使筑後守ニ被仰付、右三人ノ者共、評定所江出シ不申、筑後守一人ニテ穿鑿仕候由、

岐部ペドロ銅像（大分・国見町）

このように、仙台で捕らえられた宣教師らは、江戸へ送られて幕府の評定所で四度にわたって穿鑿をうけたが、はかばかしい結果はでなかった。そのために、その後さらに老中酒井讃岐守忠勝の下屋敷で取調べが行なわれた。この席には家光が臨み、沢庵や柳生宗矩も列座したのである。

なお潜入宣教師は、さらに後に初代宗門改役となる井上筑後守政重の取調べによって、転宗あるいは刑死の運命を辿った。その中の一人、岐部ペドロについては、次のようなことが知られている。彼は、豊後国東半島の豪族岐部氏の出身で、有馬セミナリヨに学びイエズス会の同宿になった。慶長十九（一六一四）年の宣教師の追放によってマカオに渡ったが、司祭になる望みがかなえられなかったので、独力でインド・ペルシア・パレスティナを経てローマに行った。一六二〇年、ローマでイエズス会に入会を許され、まもなく司祭に叙階された。そして一六二二年にローマを出発し、スペイン・ポルトガル・ゴア・マニラ・マカオ・シャムなどを廻って日本潜入を試みた。ようやく寛永七（一六三〇）年に薩摩の坊ノ津に上陸、長崎に至った。まさに、「世界を歩いたキリシタン」であった。その後、東北地方に潜伏して布教を続けたが、仙台領で捕らえられて江戸に送られた。そして井上政重の取調べをうけて、穴吊るしの拷問の後、斬首によって殉教したのである。三百年余りの年月を経た一九六五年、出生地に銅像が建立されている。

以上みたように沢庵は、自らキリシタン一揆と考えた島原・天草一揆の討伐を激励し、その殲滅を慶賀し、さらに潜入宣教師取調べの場にも同席している。沢庵が、その席でどのような発言を行なったのかについては、残念ながら明らかではないが、いずれにしてもキリシタンの「穿鑿」に関与していたのである。

平戸藩「浮橋主水一件」

島原・天草一揆の殲滅直後に、平戸松浦藩に「浮橋主水一件」と呼ばれる事件が起こった。この一件については、多くの謎があり、また江月が関与したと伝えられる。最初に、この一件の概要についてみていこう。

さて浮橋主水一件とは、平戸藩士浮橋主水が幕府の評定所に、藩主松浦氏がキリシタンに関係があると出訴した事件である。この一件については、『平戸市史』など平戸の郷土史には必ずといっていいほど記載されている。しかし、一件の起こった年について、諸書では、寛永十四（一六三七）年、同十五年、同十六年とまちまちであり、また一件の経緯についても充分な検討と分析がなされていない。このように、この一件についての研究が少ない背景には、一件関係の史料が非常に限られているという事情がある。

この事件を記述している史料は、管見の限りでは、平戸藩士の家譜を集録した『増補藩臣譜略』所収の熊沢家の先祖書と、『江川喜兵衛手記』（以下『手記』と略す）のみである。前者はごく簡単に一件に触れているだけなので、具体的にこの一件の経緯を検討するためには、後者に拠らなければならない。しかし現在、『手記』は散逸してしまい、かつて昭和十五（一九四〇）年五月に刊行された『平戸之光』（三九号）という雑誌に活字化されたものに拠るしかない。このように一件関係の史料が少ない事情については、昭和十一（一九三六）年に三間文五郎氏が編纂された『平戸藩史考』に、「最近迄松浦伯爵家では極秘に附して居た程で実に事件の重大さが窺はれるのではないか」と記されている。以上のように、史料的制約という事情はあるが、ここでは『手記』を検討することによって、できるかぎりこの一件を復元し、その内容と意味を明らかにしていこう。

では、『手記』によってこの一件の概略を検討しておこう。浮橋主水は、寛永十六（一六三九）年、平戸藩にキリシタンの嫌疑があるとして、目安を幕府の評定所に捧げた。主水について『手記』には、「隆信公御心に叶、段々御取立被成、御使番三百石に被成の御厚恩に付、追腹御約束仕候。この御約束相違仕候に付、平戸にて侍中一座仕る侍なし。依之平戸住居ならず平戸を罷出、江戸へ罷越候者なり。訴人浮橋主水、佐志方市左衛門、元来針尾出生軽き者なり」と記されている。すなわち、主水は元来「軽き者」であったが、松浦氏第二十八代宗陽隆信（一五九一～一六三七）に取り立てられて使番三百石に登用された。この隆信の厚恩に対して、隆信死去の時には「追腹」、つまり殉死すると約束していたが、寛永十四（一六三七）年五月二十四日に隆信が死去した際にこれに殉じなかった。そのために、平戸において「一座仕る侍」がいなくなるといったように白眼視され、平戸に居住できなくなって江戸へ出奔し、出訴に及んだのである。諸書には、ある者が主水の屋敷の門の前に豆腐の粕（きらず）を捨て、これが「腹切らず」の意味に通じ、人々が「きらず主水」と呼ぶようになり、主水が遂に江戸へ脱走したと記されている。

ところで、主水出訴の前年の寛永十五（一六三八）年二月、島原・天草一揆が殲滅された。『手記』には、「寛永十四年、肥前後天草《ママ》原野城に耶蘇宗旨の者共籠城仕、西国不静。此時大猷院殿上意、耶蘇宗旨の御法度一円不相守候、自今耶蘇の宗旨の者於有之全無用捨、大小名の無隔、死罪に可行と稠被仰出候節、如此の訴人目安を捧け候事故、御吟味なりと云々」とあり、すなわち島原・天草一揆勃発に際して将軍家光が、キリシタン禁制を守らない者はたとえ大名であっても死罪に処すと、命令したというのである。浮橋主水の出訴が、島原・天草一揆殲滅直後のこのような状況のもとでなされただけに、松浦氏にとって深刻な事態として認識されていたといえよう。

この主水の出訴を受けて幕府の吟味がなされたが、なかなか決着がつかず、八月二十三日に評定所において平戸藩側と主水とが対決することになった。そして、平戸藩側から熊沢大膳亮・長村内蔵助・江川喜兵衛の三名が出頭することに決定した。対決の前日の八月二十二日、老中松平伊豆守信綱から熊沢大膳亮のもとに、主水が幕府に捧げた「目安之写」が密かに届けられた。このために三名は、熊沢大膳亮の宿所に集まり、明日の対決に際しての相談を行なった。この時に江川喜兵衛は、熊沢大膳亮の求めに応じて、平戸藩とキリシタンとの関係について「物語」し、「公儀より耶蘇宗旨御法度無之以前より平戸領内耶蘇宗旨無用」と、幕府によるキリスト教禁止以前から平戸ではキリシタンが禁止されていたことを確認している。

評定所における対決で、結果的に平戸藩側が勝訴した。その理由について、『手記』には三つ挙げられている。第一には、松浦氏第二十五代道可隆信（一五二九〜九九）の時代には確かにキリシタンと関係があったが、その時にはキリシタンが禁止されていなかったこと、第二には、平戸藩がこの一件に際して、平戸へ幕府の宗旨改役人を派遣するように願っており、これが平戸藩にキリシタン問題について「心掛りの事」がないためだと幕府によって判断されたこと、第三には、松浦氏第二十八代壱岐守隆信の葬儀や法事などを江戸下谷の臨済宗興徳寺で行なっており、さらに、かつて二十五代隆信の時代に、キリシタンを保護しなかったため、ポルトガル船が平戸から大村領内へ移ったことである。結局、この対決に敗訴した主水は、伊豆大島に流人となることが決まり、この一件が落着した。

平戸藩とキリシタン

以上、『手記』によって「浮橋主水一件」の概略について述べてきたが、この事件で問題となったことの一つは、平戸藩とキリシタンとの関係であった。そこでこの問題についても、以下みていくことにしよう。

浮橋主水が公儀に捧げた「目安之写」には、平戸藩がキリシタンに関係がある理由として、次のように記されている。

壱岐守母は大村利仙純忠娘にて候。大村利仙は南蛮宗旨を用候事は御公儀様は無甚隠事にて御座候。如此故壱岐守内所にて女心無墓て御公儀様の御制禁を忍祭事不宜候。

松浦氏第二十八代壱岐守隆信の母（二十七代久信夫人）は、日本最初のキリシタン大名として著名な大村純忠の娘である。十九世紀半ばにレオン・パジェスによって編纂された『日本切支丹宗門史』には、この松浦壱岐守隆信の母について、以下のように述べられている。慶長四（一五九九）年、松浦氏第二十六代法印鎮信の命令によって、息子である二十七代久信は、「もと大村のドン・バルトロメオ（大村純忠）の女である夫人のメンシャに書を寄せて棄教を迫り、之を拒むるに於ては、離婚すると申し送った」が、これに対してドンナ・メンシャは、「躊躇する所なく夫君に別れ、三人の子供（彼女は、秘かに洗礼を受けさせておいた）を残して出て行く覚悟の程を述べ、家兄の大村の大名に使いを以て迎へに来て貰ひたい」と請願した。このような妻の強い覚悟に負けた久信は、「彼女の信仰を重んずることを約して、留まって欲しいと請うに至」っている。

また、メンシャの息子である隆信の夫人は牧野康成の娘であるが、もう一人の夫人（内所・国本奥）は大村氏であった。後に幕府が大名・旗本・幕臣の系譜を編纂した『寛政重修諸家譜』（以下『家譜』と略す）には、大村喜前（純忠の子）の女子の一人について「松浦壱岐守隆信が室」と記されており、また隆信の女子四人について「母は大村氏」とある。ただ『手記』には「大村因幡守姪」あるいは「大村伊勢守女」と記されているが、『家譜』によれば、当時大村氏で「因幡守」、「伊勢守」と称した人物はいない。しかし、主水の指摘のように、二十八代隆信の母・「内所」はともに大村氏出身であり、それゆえに松浦氏は、主水の出訴にとりわけ脅威を感じたと思われる。

次に、松浦氏とキリシタンとの関係についてみていこう。天文十九（一五五〇）年、日本に最初にキリスト教を伝えたフランシスコ・ザビエルが、鹿児島から平戸に到着した。時の平戸領主松浦氏第二十五代道可隆信は、これを歓迎している。同年十月にザビエルは、コスメ・デ・トルレスを平戸に残して京都に向かった。これ以後隆信は、ポルトガル商船を迎えるために宣教師を好遇はしたものの、キリスト教布教に対する態度は、常に冷淡または曖昧であったといわれる。そのためにポルトガル船は、次第に平戸には寄らず、大村領内に寄港するに至った。

しかし、松浦氏の一族である籠手田氏などが熱心なキリシタンとなり、生月島・度島はキリシタンの島となった。そして後には、殉教の舞台であり、隠れキリシタンの島になっている。松浦氏は、幕府の禁令に先立って弾圧を開始しており、『日本切支丹宗門史』にもたびたびその記事が散見される。『手記』に、公儀の御法度以前から平戸ではキリシタンが禁止されていたと記されているのは、このような事情を指すものと思われる。

幕閣の動向

さて先に述べたように、評定所において八月二十三日に、平戸藩側と浮橋主水とが直接に対決することになったが、その前日に老中松平伊豆守信綱から平戸藩士熊沢大膳亮のもとに、主水が幕府に捧げた目安の写が密かに届けられた。これについて『手記』には、「明日対決に究り候前日に、松平伊豆守様より目安之写密に来り」とあり、また熊沢家の先祖書にも、熊沢大膳亮が浮橋主水一件による事態を打開するために江戸に参着し、「御老中松平伊豆守様江参上、御案内申上候処、御指図有之」と記されている。このことは、老中松平信綱が平戸藩に好意を寄せていたことを示し、ひいてはこの対決において平戸藩側の勝訴を意図、もしくは策動していたものといえよう。

ところで松平伊豆守信綱は、寛永十（一六三三）年より老中となり、将軍家光側近の第一の実力者で、また島原・天草一揆鎮定の責任者でもあった。一揆鎮圧後に信綱は、寛永十五（一六三八）年三月二十五日に平戸に至り、同月晦日まで逗留した。信綱の子息甲斐守輝綱の撰した『嶋原天草日記』には、「城主松浦肥前守日々面謁、且於二城中一有二饗応一」とあり、藩主松浦鎮信は、信綱逗留中、日々信綱に謁見し、また城中に招いて饗宴を催してもてなしたのである。また同日記の三月二十七日の条には、「阿蘭陀人例年為二商売一、来二于平戸一、自構二其住宅一、伊豆守左門、為二循見一至二彼宅一、二方向レ海築二石壁一、上構二瓦屋一、二方接レ陸、亦構二三層之瓦屋一、其高至二檐間一、六七間許畳レ石為レ壁、其体恰如レ見二城闕一」と記されている。このように、この時に信綱が、オランダ商館を城塞のようだと感じたことが、後のオランダ商館の取りこわし、長崎移転につながるといわれる。そして信綱は、同年五月に江戸に帰り、家光に拝謁して島原・天草一揆の一部始終を言上しており、翌寛永十六（一六三九）年正月には、武蔵川越の

松浦氏関係系図

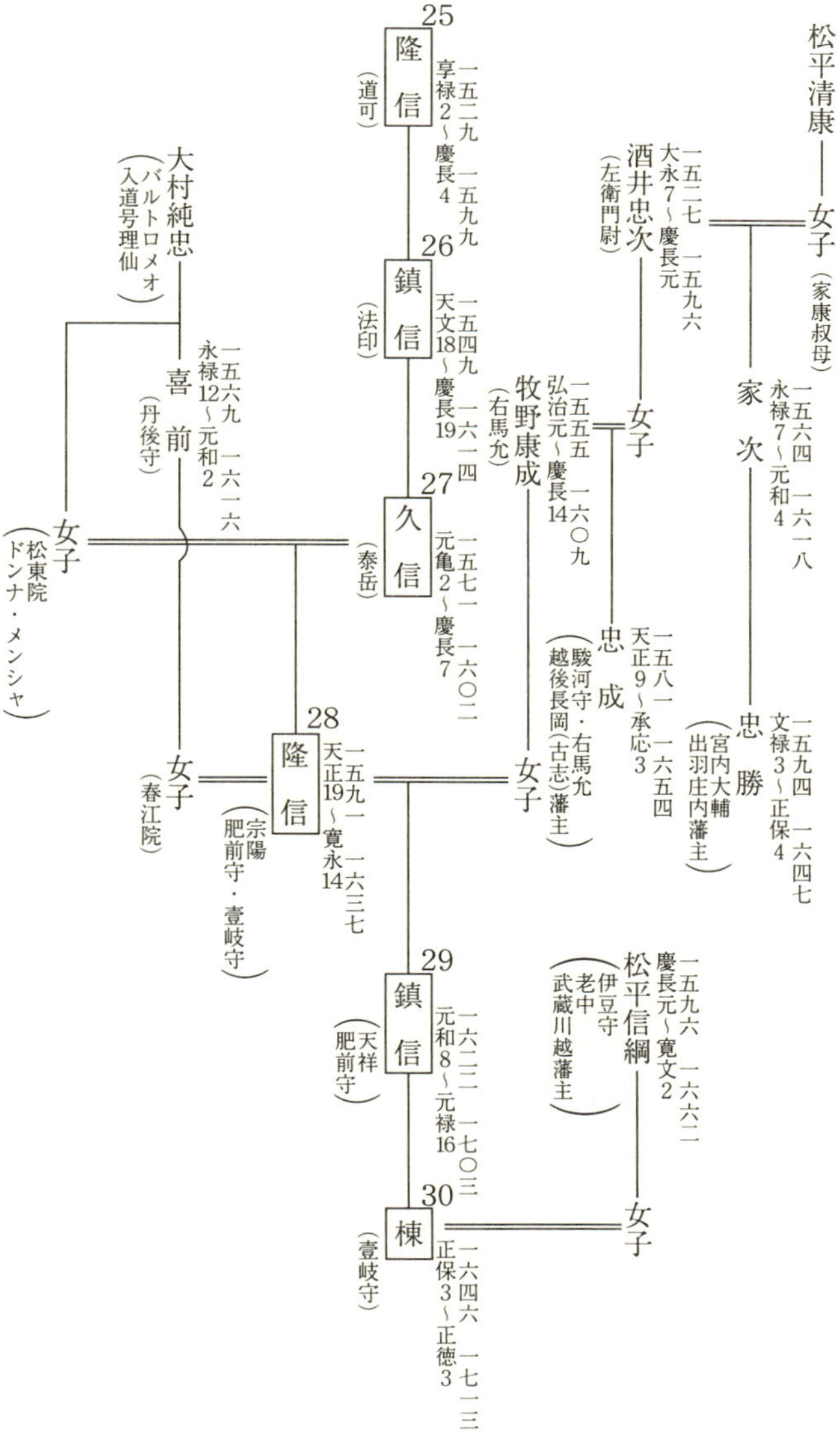
松平清康
女子（家康叔母）
酒井忠次（左衛門尉）
一五二七　一五九六
大永7～慶長元
家次
一五六四　一六一八
永禄7～元和4
忠勝（宮内大輔 出羽庄内藩主）
一五九四　一六四七
文禄3～正保4
女子
牧野康成（右馬允）
一五五五　一六〇九
弘治元～慶長14
忠成（駿河守・右馬允 越後長岡(古志)藩主）
一五八一　一六五四
天正9～承応3
女子
25
隆信（道可）
一五二九　一五九九
享禄2～慶長4
26
鎮信（法印）
一五四九　一六一四
天文18～慶長19
27
久信（泰岳）
一五七一　一六〇二
元亀2～慶長7
28
隆信（宗陽 肥前守・壹岐守）
一五九一　一六三七
天正19～寛永14
29
鎮信（天祥 肥前守）
一六二二　一七〇三
元和8～元禄16
30
棟（壹岐守）
一六四六　一七一三
正保3～正徳3
松平信綱（伊豆守 老中 武蔵川越藩主）
一五九六　一六六二
慶長元～寛文2
女子
大村純忠（バルトロメオ 入道号理仙）
喜前（丹後守）
一五六九　一六一六
永禄12～元和2
女子（松東院 ドンナ・メンシヤ）
女子（春江院）

領主となっている。

このように、信綱と松浦氏との関係については、信綱が平戸逗留中に親密になったとも考えられる。『手記』によれば信綱は、評定所における対決の場で、終始平戸藩側が勝訴するように導いていた。また後のことではあるが、信綱の女子の一人は、浮橋主水一件当時の平戸藩主である二十九代天祥鎮信の嫡子棟の夫人になっている。

以上みてきたように、老中松平信綱が、平戸藩側を勝訴に導いたのだが、さらに松浦氏の姻戚の諸大名も、平戸藩側の勝訴に尽力したらしい。『手記』では、「此時御出御相談御一門」として、牧野右馬允康成・酒井左衛門尉忠次らを挙げている。牧野康成は、先述したようにその女子が二十八代隆信の夫人になっている。康成は慶長十四（一六〇九）年に卒しており、一件当時の牧野家の当主は、康成の子で越後長岡（古志）藩主の忠成である。酒井忠次は、徳川氏創業の功臣の一人で、その夫人は家康の祖父清康の娘である。そして忠次の女子の一人は牧野康成の夫人となっており、その関係で松浦氏との姻戚関係が生じている。忠次は慶長元（一五九六）年に卒しており、一件当時の酒井家の当主は、忠次の孫で出羽庄内藩主忠勝である。なお『手記』に「酒井左衛門尉忠次室者東照神君尊姉なり」とあるが、忠次夫人は清康息女、すなわち広忠の妹で、家康にとっては叔母にあたる。このように、『手記』の記述には若干誤謬があるが、事件に際して、松浦氏の姻戚が尽力したであろうと考えられる（松浦氏関係系図参照）。

すなわち、浮橋主水一件は、島原・天草一揆殲滅後まもない時期に起こっており、平戸藩にとっては、後々まで極秘にしなければならない大事件だった。そして松浦氏は、何らかの理由によって、この一件への幕府の処分を回避できたのである。その理由の一つは、松浦氏が持つさまざまな姻戚関係による効果であったかもしれないが、私は、とりわけ老中松平信綱が平戸藩に好意を示し、平戸藩側を勝訴に導いた点に留意したいと思う。

江月宗玩の役割

さて、浮橋主水一件に際して平戸藩が幕府の処分を回避できたいま一つの理由として、平戸関係の郷土史には、必ずといっていいほど前大徳寺住持江月宗玩が平戸藩のために尽力したことが、記されている。そこで、江月がこの一件にどのような役割を果たしたのかということを、以下検討することにしよう。

江月とこの一件との関係について、諸書の記述は、次のような共通した内容になっている。

すなわち幕府は、浮橋主水一件の解決のために、品川東海寺の江月を平戸に差し向けた。派遣された江月は、鏡川の小川庵に滞在し、そこを拠点にして全島をまわって仏教を鼓吹し、三界万霊塔を建てて六斎念仏を普及した。これに対して平戸藩は、正宗寺を建てることによって、キリシタン禁制への異心がないことを示している。このように、江月の寛大な処置と平戸藩の周到な準備とによって、この事件が解決した、というのである。

しかし、以上みてきたような諸書に共通して記述されていることは、肝心の『手記』からは、ほとんど窺えない。『手記』が江月について記しているのは、次の箇所だけである。

隆信菩提寺正宗寺、法名宗陽と号す。于時対決の時、興徳寺宗旨との事にて御家無別条とて、正宗寺の山号を興国山と後に改候事、江月和尚なり。この心は興国山正宗寺（山号寺自此心に叶候事）、ヲコスクニヲマサシクシウシなりとの心なり。

このように平戸藩が、浮橋主水との対決に勝訴し、幕府による処分を免れることができたのは、隆信の宗旨が興徳寺宗旨、つまり臨済宗であったためだというのである。寛永十四（一六三七）年五月に死去した二十八代隆信の法事は、江戸下谷の興徳寺で行なわれたが、その平戸での菩提寺は正宗寺であった。正宗寺は、元和九（一六二三）年に隆信によって建立されたが、寛永十六（一六三九）年に二十九代鎮信がこれを再興している。そしてその開祖は大梁興宗禅師江月和尚で、寺領は百石であった。すなわち、一件の起こった寛永十六年に鎮信は、正宗寺を大々的に再興し、その開祖を江月とし、江月の意見によって山号を興国山としたのである。このことから、一件に江月が関与したことは推測できるであろう。

では、江月と松浦氏とは一体どのような関係にあったのだろうか。『年譜』の寛永九（一六三二）年の条に、

壱岐島主正宗院向東居士松浦隆信、建㆓正宗軒於龍宝之西南㆒、延㆑師尊㆓崇道価㆒。

と記されている。このように二十八代隆信は、江月に帰依して大徳寺に塔頭正宗軒を建てており、江月の檀那の一人だったのである。

また寛永十一（一六三四）年の条には、

肥陽之舎有㆓小川氏宗理者㆒。滞㆓江府㆒拝㆓謁師㆒云。於㆓我旧梓平戸㆒結㆓一草庵㆒。希屈㆓大旆㆒而為㆓開基㆒。若賜㆓許諾㆒、遠出㆓望外㆒。師唯々乃以㆓檀家姓名㆒号㆓小川庵㆒。

とある。小川宗理については、かつて八幡船の一巨頭だった小川理右衛門が、名を宗理と改めて、庵を結び老後を養ったと伝えられている。江月は、この小川宗理の希望によって、小川庵《しょうせんあん》という号を与えたが、後にこの小川庵に滞在することになる。

先に述べたように寛永十四年五月二十四日に卒した隆信は、江戸下谷の興徳寺に葬られた。

そして同年、法事が平戸でも行なわれたが、『年譜』には次のように記されている。

師六十四歳。壱岐島主隆信死。其嗣肥前刺史鎮信、遠二馳紹价一、迎二師於食邑平戸島一、仏事供養、以報二亡極一。師停二小川氏之小川庵一既三旬余。刺史隷容腆レ礼而供レ嚫無レ量。及二会裡緇徒一。及二僮僕奴力一焉。恐三謝法馭遠屈二鄙戎一也。其皈崇可レ観矣。皈棹之日、留二一笠一杖於庵中一。

すなわち、江月は、隆信の嗣子鎮信の依頼によって、平戸に出かけて隆信の仏事供養を営んだ。そして鎮信は、江月に礼を尽くし、一方江月は、小川庵に三旬余り滞在してさまざまな人々の帰依を受けている。江月と松浦氏との関係について『年譜』に記されていることは、以上の如くである。

ちなみに、一件の起こった寛永十六（一六三九）年の江月の動きを『年譜』によってみると、次のようである。この年、筑前藩主黒田忠之（長政の子）の弟高政が死去し、忠之の要請によって江月は、筑前に赴いて葬事を挙行している。筑前と平戸とはそれほど遠くない距離だが、『年譜』には、江月が平戸に行って浮橋主水一件に関わったということは、全く記されていない。

したがって、江月と浮橋主水一件との関係について確認できる点は、①一件以前から、松浦氏が江月の檀那の一人であったこと、②平戸の小川氏もまた、江月と関係を取り結んでいたこと、③鎮信の依頼によって江月は、寛永十四（一六三七）年の隆信の死去に際しては、平戸に赴き仏事供養を営んだこと、④一件の起こった寛永十六（一六三九）年に、鎮信の依頼によって、隆信の菩提寺として正宗寺が再興され、江月がその開祖となり、山号を一件との関係で興国山としたことなどである。つまり江月が、一件に際して、以前からの松浦氏との関係によって、松浦氏に何らかの助力をしたことが十分に推察できるであろう。

ところで、江月と一件との関係についての諸書の記述に、江月が品川東海寺の僧侶であったという箇所がある。江月と品川東海寺との関係については、『年譜』などには記されていない。先にも述べたように東海寺は、寛永十五（一六三八）年、家光が江月とともに紫衣事件の当事者であった沢庵のために建立した寺院で、沢庵は赦免後、家光の帰依を受けたのである。沢庵の死後、大徳寺では紫衣以上の高僧を一年ずつ東海寺に配して輪番としたが、そのうちの一人に、江月門下の江雪宗立がいる。そのような点から、品川東海寺の江月というように誤って伝えられたのかもしれない。また、三界万霊塔の建立や六斎念仏の普及についても、残念ながら史料上の根拠は不明である。

しかし、現在平戸には、江月橋や潮音堂など、江月関係の遺跡が残されている。浮橋主水一件は、松浦氏によって湮滅されたが、江月に関する「伝説」は、さまざまな痕跡をとどめているのである。

幕閣の意向

以上みてきたように、浮橋主水一件に際して平戸藩が幕府の処分を回避できたのは、老中松平信綱と前大徳寺住持江月宗玩の動向が大きく関わっていた。最後にその意味について、若干展望しておきたい。

さて松平信綱は、一件に際して終始平戸藩が勝訴するように取り計らった。信綱が松浦氏に対して個人的に好意を持つ理由は、すでに述べたようにいろいろと考えられる。しかし信綱は、当時幕閣の意志を体現する立場にあり、単に松浦氏への私的な好意だけで、平戸藩を勝訴に導いたとは到底考えられない。

また江月宗玩は、松浦氏との師檀関係によって、一件に際しては松浦氏に助力した。江月は、その出自・経歴から、後水尾天皇（院）を中心とする宮廷文化サロンを構成する人々、将軍家康・秀忠・家光、多くの仏僧、武将、茶人といった、いわゆる「寛永文化」人たちと、さまざまな交流を持っていた。そのような立場にあり、特に幕閣に深い関係を持つ江月が、キリシタン問題によって松浦氏を取り潰す方向ではなく、松浦氏温存のために、何らかの働きかけをしたのである。かつて、幕藩制初期の朝幕確執のピークをなすといわれる紫衣事件の当事者であった江月が、幕藩間を取り次ぐ役割を果たしたことは注目される。

このように、松平信綱や江月宗玩が平戸藩を勝訴に導いたのは、単に両者の松浦氏との私的な関係だけではないと考えられる。では両者の意図は、どこにあったのだろうか。

『手記』の記述では、浮橋主水一件が島原・天草一揆の殲滅直後に起こったことを強調している。一揆勢の手ごわい抵抗をうけた幕藩制国家は、一揆後、その確立への方向を定めながらも、これまでの領主内部の対立を重視した体制から、領主と農民との間の対立に重点を置く体制へと転換していく。平戸藩を勝訴に導いた信綱や江月の意向は、このようなこの時期の政治的動向と不可分に関わっていたといえるのではないだろうか。

さらに平戸藩は、島原・天草一揆の際に一揆勢の結集の核となった「キリシタン」の問題を抱えていた。それゆえに、一揆の余塵がいまだ強烈に残存する時代状況の中で、幕府は、浮橋主水一件を契機として、松浦氏を取り潰すのではなく存続させる方向で、一件による事態を処理していったのではなかろうか。

特に、江月の動向については、次のような点が指摘できるであろう。寛永期は、幕府の政治組織が整備されていく時期ではあるが、いまだ幕藩制的吏僚制が未整備な段階にあった。そのような時期にあって、江月のような立場の禅僧が、それなりに多様な活動をしうる状況があったのではなかろうか。その場合江月は、かつて紫衣事件の当事者でありながら、その後家光らの援助によって大徳寺法堂を再興し、一方では後水尾上皇をはじめとする宮廷文化サロンの人々の帰依を受けていた。このように江月は、その出自・経歴によって、朝廷と幕府との関係の中で、一定の位置を占めていたのである。そのような江月が、浮橋主水一件に際しては、幕藩間の融和に何らかの役割を果たしたことは、ある意味では当然だったと考えられる。つまり江月は、幕藩制国家が確立への方向を定めつつあったこの時期において、権力内部の結集・融和に特異な役割を担ったといえよう。

キリシタン禁制をめぐる朝廷と幕府——紫衣事件以後への展望——

以上みてきたように、幕藩制初期のいわゆる「朝幕確執」のピークをなすといわれる紫衣事件の当事者であった沢庵と江月とが、事件以後にキリシタン禁制に関わったことが確認できた。勿論、両者のキリシタンを排撃し、かつ転びキリシタンを教化するという「排耶活動」は、直接的には幕府や平戸藩の要請によるものであった。

しかし、禅僧でもあり茶人でもあるという立場から、朝幕双方に密接にして多様な関係を取り結んでいた沢庵・江月が、紫衣事件以後、排耶活動に関与していったということは看過すべきではないだろう。このことは、その後のキリシタン禁制をめぐる新たな幕藩制的朝幕関係の形成を予測させるものといえるのではないだろうか。

七　排耶活動の諸相

排耶僧の群像

慶長十七（一六一二）年八月六日付法令で、幕府は「伴天連門徒制禁」と初めてキリスト教の信仰そのものを禁止した。天正十五（一五八七）年六月に豊臣秀吉によって発令されたいわゆる伴天連追放令が、決してキリスト教信仰を禁ずる禁教令ではなく、布教への規制であったのに対して、江戸幕府はまさに禁教令を発令したのである。この法令が、どのような地域―直轄領・関東・全国―を対象に出されたのかについては諸説があるが、いずれにしても幕府は、この時点でキリスト教の禁止を表明したのである。

その後のキリシタン禁制の展開は、地域によって偏差があるが、寛永十四（一六三七）年から翌十五年にかけて闘われた島原・天草一揆の殲滅後は、幕藩制国家の支配の及ぶ全ての地域でキリシタン禁制が実施されていくことになる。そして、キリシタン禁制が展開していくなかで、多くの仏僧が、キリシタンを排撃して、キリシタンへの教化を行なう排耶活動に関わっていった。

すでに幕藩制初期より、仏教側のキリシタンへの反駁は活発となっていた。そして、浄土宗の聖誉・転誉・伝誉・智誉（蟠随意白道）、真宗の慶西・道智・慶了・松吟、日蓮宗の日慧・日忠（唯心院）、臨済宗の雪窓・泰室、曹洞宗の一庭などのように、直接に長崎や博多に渡り、キリシタンを攻撃して転宗の促進をはかるものが多かった。

さらに島原・天草一揆の殲滅以後になると、多くの仏僧がキリシタンが数多く存在した九州に渡って、キリシタンに対する教化活動を行なった。

以下、これらの仏僧の中で、鈴木正三《しょうさん》を中心とする曹洞禅僧と、雪窓宗崔《せっそうそうさい》らの臨済宗妙心寺派禅僧との排耶活動を検討していこう。そして彼らの活動が、誰の要請によって、どのような方法で行なわれたのかを明らかにしていきたい。その上で、これらの排耶活動をめぐる幕府・藩・朝廷などの動向をさぐり、そこからキリシタン禁制の幕藩制国家における位置づけに、接近してみよう。また特に、これら排耶活動を行なった仏僧たちと天皇・朝廷との関わりに注目して、キリシタン排除における天皇・朝廷の役割を考察していくことにする。

天草における排耶活動—鈴木正三と彼をめぐる人々—

島原・天草一揆の時に、原城で戦死した天草の一揆勢は、一万五千人と伝えられている。この一揆は、村落を支配する土豪層の指導のもとに村民のほとんどが参加するといった側面を持っていたために、一揆に参加した村々は、一揆後に全く荒廃してしまったのである。

このような状況にあった天草は、一揆後、一時外様大名山崎家治の領地となったが、寛永十八（一六四二）年より幕府直轄地となり、初代の代官として、鈴木三郎九郎重成が赴任した。重成に課せられた任務は、当然、亡所（荒廃村）となった天草の復興であった。重成は、幕命によって諸藩から移民を受けいれるとともに、天草の行政区画を十組八十六カ村に編成し、組ごとに大庄屋を設け、その下にいくつかの村々を付属させ、村ごとに庄屋・年寄・百姓代を配した。この編成は、重成の跡を継いだ養子重辰《しげとき》の代までかかって完成したといわれる。この施策によって重成は、それまで土豪が支配し、そのもとにキリシタンが結集して一揆を闘った天草に、近世村落をつくりだそうとしたと考えられる。

さらに重成は、天草がかつてキリシタンの島であっただけに、宗教対策を重視した。そしてこの宗教対策を担ったのが、重成の実兄鈴木正三であった。正三は、徳川直臣出身であり、元和六（一六二〇）年に四十二歳で出家し、曹洞宗の僧籍に入った。そして重成の要請によって、寛永十九（一六四二）年に天草に来島し、正保二（一六四五）年までの三年間滞在して、教化活動を行なった。

正三の天草での教化活動については、その弟子の慧中の撰した『石平道人行業記』に次のように記されている。すなわち正三は、三十二の寺院（一寺が浄土宗、他は曹洞宗）を建て、『破吉利支丹』を著し、それを寺ごとに一本ずつ納めてキリシタンの影響感化を除こうとした、という。また若木太一氏の調査によれば、正三・重成兄弟が創立・再建に関係している寺院は十九カ寺を数え、その内訳は、曹洞宗十一カ寺、浄土宗七カ寺、真言宗一カ寺である（「鈴木正三の思想と教化―島原天草の乱その後―」・九州大学国語国文学会『語文研究』三一・三二合併号）。いずれにしても正三は、曹洞宗を中心として、寺院を拠点とする教化を目指したと思われる。

正保二年、正三は天草を去った。この時正三は、一庭融頓《いっていゆうとん》に後事を托している。一庭は、当時長崎晧台寺の住持であり、すでに長崎での排耶活動によって、名声を博していた。正保二年、重成の懇請を受けて一庭は、天草に渡った。そして、国照寺をはじめ、円通寺・瑞林寺・江月院・水月院・阿弥陀堂・観音寺の七カ寺を創建していった。

また一庭の弟子の益峰快学は、ある時一庭の使者として天草に渡り、重成に謁した。これが機縁となって快学は、正保三（一六四六）年、重成の懇請によって芳証寺に入ることになった。月圭山芳証寺は、正保二年、重成が幕府の命を受けて建立したものである。重成は、後述する中華珪法を勧請開山となし、寺領十二石を付し、特にこの寺を両親の菩提所と定めていた。快学は、後に召されて宮中に参内して綸旨を賜り、また郡中禅刹代表として、将軍家光に参見すること四回に及んだという。

さらに、正三の法兄中華珪法が、正三・重成兄弟の懇請によって、正保四（一六四七）年夏、天草富岡に着船した。この時重成は、珪法を本渡の明徳寺に迎えて、弟子の礼をとったという。島原・天草一揆後、キリシタンの首が富岡郊外にも埋められ、首塚がつくられていたが、正保四年、重成はこの首塚の上に碑を建てて供養を営んだ。そして珪法が、その碑文を撰したのである。珪法は、翌慶安元（一六四八）年に東向寺を創建してここに移居し、同寺を将軍家菩提所・郡中鎮護の霊場と銘うち教化に努めた。さらに明徳寺・芳証寺・遍照院の開山となって、これらの寺々を東向寺の末寺としている。

以上のように鈴木正三らの曹洞禅僧は、天草に多くの寺院を建立して、それらの寺院を拠点として排耶活動を推進していった。天草では、後には東向寺・国照寺（以上曹洞宗）・円性寺・崇円寺（以上浄土宗）の四カ寺を郡中本寺として、諸寺の本末関係が整備されていった。

では正三ら曹洞禅僧が天草で行なった排耶活動は、代官鈴木重成の民政とどのように関わりあっていたのであろうか。天草ではかつて各地に、キリシタンの組講組織であるコンフラリアがつくられたといわれている。元和三（一六一七）年に、東北から南九州に及ぶ十五カ国の七十五カ所から、キリシタン信徒の代表が署名して差し出した証言文書集がある。これを徴した、当時の日本イエズス会管区長マテウス・デ・コーロスは、この文書に署名したのは各キリシタン集団の指導者たちだけであると証言している。そして、この第四十四文書（元和三年八月十二日付）に署名している「大矢野村ろれんそ惣代渡辺小左衛門」が、少年天草四郎時貞を一揆の指導者に祭り上げた、時貞の姉婿渡辺佐太郎の兄小左衛門である。また同文書に、「同庄屋阿れ所会津次右衛門」とあるのは、一揆の首謀者の一人会津玄察ではないかといわれている。

この「コーロス徴収文書」によって、コンフラリアの組織が土豪支配型の農村構造と重畳するものであり、それが一揆の母体となったことが窺える。それゆえに、一揆殲滅後の天草の経営を担った重成にとって、そのような農村構造と密接な関係にあるキリシタンの信仰組織を解

鈴木三神図（本渡市立天草切支丹館蔵）

体することが意図されたはずである。正三らの活動が、寺院を建立し、それを拠点とする教化活動を図ったのは、コンフラリア的結合にくさびを打ちこむためであったろう。天草では、慶安四（一六五一）年に幕府より寺領が下付されている。

　さて鈴木重成は、承応二（一六五三）年に江戸滞在中に急死している。一説に、一揆の原因となった苛政を是正するために、天草の総石高を半減して二万一千石とするように幕府に要求したが、なかなか許されず、決意の自刃をとげたと伝えられている。勿論、この話は伝説であると思われるが、天草の人々にはそのように考えられたのである。そしてこの石高半減の願いは、重成の跡を継いだ養子重辰（正三の実子）の時代、万治二（一六五九）年の領内検地によって、幕府に認められて実現した。そして重成は、兄正三や子重辰とともに、天草復興の恩人として、各村々に祀られることになったのである。

長崎における排耶活動――一庭融頓の場合――

元和元（一六一五）年八月、長崎で排耶活動を行なっていた洪泰寺住持亀翁英鶴は、佐賀玉林寺住持一庭融頓にその法席を譲った。そのために一庭は、洪泰寺の住持を兼ねることになった。亀翁が一庭に洪泰寺の住持職を譲ったのは、両者がともに佐賀円通寺東甫融菊の弟子であったからである。しかしその背景には、次のような事情があった。一庭は、後に長崎奉行所に皓台寺（洪泰寺は後に皓台寺と号した）退院を願い出た際に、「拙僧弟子之内ニモ大躰之僧ハ居申候得共、以後之例ニ罷成候。殊更御朱印地ニ被為仰付候上者、如拙僧、以御吟味、向後被為仰付候様」にと、後任者を自らのように幕府の吟味によって選ぶべきであると述べている。したがって、一庭の洪泰寺住持就任には、背後に何らかの幕府の意向が働いていたと考えられる。

同じ頃一庭は、伏見に召されて、家康から長崎での排耶活動を命じられている。皓台寺第二一世黄泉の手記である『海雲年代考』には、「元和元乙卯年八月、神君召玉林寺一庭於伏見、命以邪宗回正之教示。一庭受命。崎俗帰正者四万八千六百人。神君褒之、賜以栗色輿葵紋道具布幕等」と記されている。つまり、豊臣氏滅亡まもない元和元年八月に、一庭は、伏見に召されて家康から長崎で排耶活動を行なうように命じられた。一庭の努力によって、長崎で四万八千六百人の人々が、キリシタンの信仰を棄て、「正法」に帰依した。そのために一庭は、家康から褒美を与えられたというのである。表現にかなりの粉飾があると思われるが、一庭の排耶活動はかなり成功したのであろう。

このように一庭は、幕府の命をうけて長崎で「破邪」活動につとめ、元和五（一六一九）年、長崎代官村山等安が処刑されると等安の本邸を下付されている。さらに寛永三（一六二六）年、寺地を移転した際には、幕府から山地数百畝と絹銭一万とを下賜されており、またその移転工事を、幕府のキリシタン禁制政策を実施するうえで指導的役割を果たした井上政重が監督したという。

寛永十九（一六四二）年、一庭は、江戸に参府して将軍家光に謁し、また同年九月十七日、

表1

宗派	転宗後檀那寺名	人数	計
法花宗（法華宗）	本蓮寺	31	31
浄土宗	大音寺	24	25
	三宝寺	1	
一向宗	光永寺	8	25
	大光寺	13	
	深崇寺	2	
	正覚寺	2	
禅宗	洪泰寺	35	37
	春徳寺	1	
	（禅宗不明）	1	
真言宗	延命寺	3	3
計			121

『寛永十九年平戸町人別生所糺』より作成
（総人数225名中　121名が転びキリシタン）

明正天皇に謁し、了外広覚禅師の号ならびに紫衣と海雲山普昭晧台の寺号を与えられた。そして、先に述べたように、正保二（一六四五）年には天草に渡り、晧台寺末寺として国照寺を草創し、さらにこの国照寺の末寺を天草の各地に多く建立している。翌正保三年に一庭は、長崎奉行所に願い出て、晧台寺末寺として、長崎に瑞光山永昌寺、徳光山高林寺、月桂山光雲寺の三カ寺を開創した。そして慶安元（一六四八）年、晧台寺に朱印地が下付された。十八世紀中葉に成立した長崎についての地誌である『長崎志正編』には、「逐年切支丹残党屏息之段　大猷院様達　御耳慶安元年御朱印被下賜之」と記されており、慶安元年に一庭が、長い期間における長崎でのキリシタンへの教化活動の功績が評価され、家光から朱印地を与えられたことがわかる。このように、一庭の長崎での排耶活動は、幕府の意向と援助のもとに進められていった。

そもそも長崎はキリシタンの町といわれ、またそれゆえにこの長崎で多くの排耶僧が活動した。寛永十九（一六四二）年、長崎の平戸町の人別改が行なわれたが、この時に作成された『寛永十九年平戸町人別生所紥』によれば、キリシタン転宗者は、圧倒的に禅宗洪泰寺、浄土宗大音寺、法華宗本蓮寺の檀徒になっている（表1参照）。

ところで浄土宗大音寺については、開基伝誉が慶長末期よりキリシタンへの教化に努めていた。そのために元和二（一六一六）年、長崎奉行長谷川藤正（権六）の斡旋によって、幕府からミゼルコルジアの址を寺地として下賜された。ミゼルコルジアとはポルトガル語の慈悲を意味し、長崎では慈悲の所作を実践するミゼルコルジアの組が組織されていたが、その施設が禁教により没収されていたのである。さらに大音寺に対しても、寛永十八（一六四一）年にキリシタンへの教化活動の功績によって、朱印地が与えられている。

また法華宗本蓮寺も、開基日慧が元和の頃より長崎でキリシタンへの教化活動を行なっており、その結果、長崎奉行所からサン・ジョアン・バウチスタ寺の址を与えられている。さらに慶安元（一六四八）年、二代目の日感が江戸に参府して将軍に謁見し、朱印地を下賜されている。

以上、キリシタンの町長崎における仏僧の排耶活動を、一庭融頓を中心にみてきた。先に述べた『長崎志正編』によれば、長崎で朱印地を与えられた寺院は、禅宗晧台寺・浄土宗大音寺・法華宗本蓮寺の三カ寺である。三カ寺ともキリシタンへの教化活動の功績によって、長崎奉行と幕府に認められたといえるだろう。そしてキリシタン転宗者のかなりの部分が、この三カ寺の檀徒となっていったのである。

豊後鶴崎における排耶活動―行厳雲歩の場合―

次に鈴木正三門下の排耶僧の中で、寛文期（一六六一～七三）に細川領の豊後鶴崎で排耶活動を行なった行厳雲歩《ぎょうがんうんぽ》についてみることにしよう。

慶安四（一六五一）年、二十四歳の雲歩は鈴木正三に入門した。その時に正三はすでに七十二歳であり、雲歩は正三の最晩年の弟子の一人となった。そして四年後の明暦元（一六五五）年には、正三の遷化に逢うことになる。雲歩は、正三の没後、一時豊後に下るが、寛文三（一六六三）年には老母を養うために故郷の肥後に帰り、拝聖庵を創建してそこに住んでいた。

翌寛文四年春、肥後藩寺奉行中村市郎右衛門祐之、吉住伝右衛門正良は、藩主細川綱利の命を受けて拝聖庵を訪れ、雲歩に豊後鶴崎でのキリシタンへの教化活動を要請した。その頃の豊後鶴崎は、肥後藩の飛び地であったからである。つづいて同年十月には、肥後藩の長岡佐渡、長岡監物、有吉大蔵、沢村宇右衛門の四家老が、雲歩に藩主綱利の意向を伝えている。豊後は、戦国期にはキリシタン大名大友義鎮（宗麟）の領地であり、キリシタンが多く存在していた。また万治年間（一六五八〜六一）にキリシタンが露顕し、以後十数年間にわたりその召捕が行なわれていた。このような状況のもとで、肥後藩は、絵踏を制度化し、切支丹奉行を置くなど、キリシタン禁制の再強化につとめることになった。雲歩がキリシタンへの教化を要請された事情については、『能仁草創記並雑記』（熊本市花園町柿原霊松山天福寺所蔵）に次のように記されている。

彼《ノ》地従本有《リ》下業《トスル》二談義説法《ヲ》一者《ノ》上。郷民不《メ》レ信惑《フ》レ邪《ニ》者《ノハ》何《ンゾヤ》耶。不《スヤ》レ為《ナラ》下但《く》有《テ》二言説《ノミ》一総《テ》無《キカ》中実義上耶矣。正三《ハ》者遁世者、雖二当代有《リト》レ声無《クンハ》二志実一、為《ノ》二自僧《ト》一何《ソ》レ可《ンヤ》師《トシ》二事《フ》道心者《ヲ》一。想《フニ》可レ無《カル》二彼定《テ》名利一。縦饒雖レ無《シト》レ所二歯録《スル》一所レ行必可《ス》レ有レ実謂《イヘリ》。不《スト》レ如二千虚一実《ニ》一。勤行若《シ》実《ナラハ》可レ有二民必《ス》帰《スル》一。

文意は難解であるが、要するに雲歩が天草でキリシタン排斥を行なった鈴木正三の弟子であるから、教化の「実義」をあげることを期待されたのであろう。

寛文五（一六六五）年正月六日、雲歩は老母と法弟十二名とともに拝聖庵を出発し、十日、鶴崎に到着した。十五日、雲歩は鶴崎郡代村上吉尉、堀田安右衛門尉をともなって小院に入り、近隣の老若男女が群集する中で、「破邪」説法を行なった。そして、その拠点として能仁寺を創立し、さらに多くの末寺を設立するのである。

寛文八年頃になると、雲歩は、かつてこの地域のキリシタンの指導的立場にあった鵜獵河瀬《うりようがせ》の得丸某の志を助けて、能仁寺に梵鐘を新鋳した。この得丸某が、先述した「コーロス徴収文書」第十七文書に署名している「徳丸甚内志門」か「徳丸ひせんて」であろうと、推測されている。潜伏キリシタン集団の指導者が、雲歩の教化によって、「破邪」の拠点として創立された能仁寺に梵鐘を寄進したのである。

再び鈴木正三を中心とした排耶活動について

以上、鈴木正三を中心とする曹洞禅僧の排耶活動についてみてきた。彼らは、正三を中心とする人脈によって、天草・長崎・豊後鶴崎といったように、広範囲にわたって活動を展開した。そしてその活動は、幕藩領主のさまざまな要請、援助によるものであった。しかし一方で、彼らは、幕藩領主へ協力することによって、曹洞宗の教線を拡大していったといえるのではないだろうか。

たとえば天草において、かつてキリシタン大名小西行長が領主であった時代に、寺社が破却された。そして関が原の戦いによる小西氏の改易後、新たにこの地を支配した寺沢氏は、キリシタンの一向宗への転宗を励行した。したがって天草は、曹洞宗の布教にとっては全くの処女地であった。鈴木正三ら曹洞禅僧は、キリシタンへの教化を行なうことによって、天草に曹洞宗の地盤を築いていったのである。

妙心寺派禅僧の排耶活動—雪窓宗崔を中心に—

次に、「仏僧の排耶書（キリスト教破斥書）としては出色のもの」と評されている『対治邪執論』の著者雪窓宗崔を中心に、臨済宗妙心寺派禅僧の排耶活動をみていこう。

雪窓は、天正十七（一五八九）年、豊後直入郡松本の土豪池田氏の子として出生した。慶長四（一五九九）年、十一歳の時に近隣の玉来の浄土真宗真正寺で出家した。大桑斉氏によれば雪窓は、この真正寺で美濃浪人の真宗僧願了と出会い、やがて願了に伴われて豊後臼杵の真宗善正寺に入ったという。関が原の戦い後、臼杵には美濃から稲葉氏が入部した。この稲葉氏の入部と同じ頃に、善正寺が成立したらしい。美濃浪人の真宗僧願了と、豊後の没落土豪の子雪窓とは、願了と同郷の稲葉氏をたよって臼杵に出向いたのである（大桑斉編『史料研究　雪窓宗崔　禅と国家とキリシタン』同朋舎・一九八四）。

その後雪窓は、慶長十八（一六一三）年、二十五歳の時に臼杵の臨済宗妙心寺派寺院多福寺了室のもとに転じている。しかし、まもなく多福寺を去って、徳川氏権力の膝元である駿河国・武蔵国・江戸などを巡り、研鑽を積んでいる。そして元和二（一六一六）年に了室和尚が遷化すると、雪窓は、第三代臼杵藩主稲葉一通の請によって多福寺二世となり、その後寛永十（一六三三）年には臨済宗妙心寺派本山第一座に転位している。

正保四（一六四七）年春、雪窓は、長崎で「破邪」説法を行なった。後に雪窓の跡を継いで多福寺三世となった賢巌禅悦は、『雪窓和尚行状』を著した。これには、雪窓の長崎での「破邪」説法について、次のように記されている。

四年丁亥振《テ》レ錫《ヲ》西《ニ》邁《テ》到《ル》二肥之長㙨《ニ》一。緇素々稔《トウム》二師之名《ニ》一歓迎《ビテ》如レ見レ仏《ヲ》。帰依信向《スルコト》　比《ルニ》二於京武《ニ》一猶以為《ス》レ甚《シト》。遠迩翕集至《ル》レ無《ニ》二席《ノ》受《ル》一レ之《ヲ》。門墻之上《ヘ》衆人鱗次《ス》。長㙨《ノ》監察使井上築後《(ママ)》守令下長㙨衆《ヲ》分《テ》為《シ》レ四《ト》毎日更《ヘテ》レ番《ヲ》而聚《ラ》上。長崎昔《ハ》耶蘇宗之盤窟也。雖二官禁之厳《ヿ》一未レ有《シト》二敢《テ》心誠服《スル》者一。師一《ビ》到《ルン》則《バ》詞鋒智刃斫二伐《シ》邪林《ヲ》一提二示《ス》正法《ヲ》一。一衆称《ス》二希有《フト》一。屠沽為レ之《ニ》易《カフ》レ業《ヲ》。受戒者《ノ》萬有八

雪窓宗崔画像（多福寺蔵）

千人。井上氏欲㆘上㆓聞于大将軍家光公ニ㆒點メ㆓長墺諏訪ノ墟ヲ㆒為シテ㆓師説法場ト㆒方ニ有ヲ㆖㆑利㆓人民ヲ㆒。師遷化メ而事遂ニ寝ム矣。

このように雪窓は、幕府のキリシタン禁制政策実施の責任者である井上政重の要請によって、長崎に巡錫し、キリシタンに「正法」を説いたのである。雪窓の説法には多くの人々が集り、一万八千人が受戒したという。こうして雪窓は、井上政重を通じて幕府と関係を持ち、幕府のキリシタン禁制に協力したのであった。慶安二（一六四九）

年の雪窓の遷化によって実現しなかったが、将軍家光は、雪窓のために長崎に説法場を設けようとしたといわれる。

ところで雪窓は、この「破邪」説法を長崎興福寺で、五月六日から二十六日までの二十一日間行なっている。この時に長崎奉行馬場三郎左衛門利重は、市中の老若男女にその説法を聴聞するように命じ、さらに一日雪窓を奉行所に招き、奉行所の役人にもその説法を聞かせたのである。

また、後代の記録になるが、臼杵の町人加島英国が著した『桜翁雑録』には、雪窓の長崎での破邪説法について、次のような逸話が載せられている。

寛永ノ末、多福寺雪窓和尚長崎に趣、切支丹取鎮之砌リニ、矢野勘八先祖何某附随、共々取鎮之功に依て、殿様祇園橋の上庄几に召連、御杖を以て、是迄を勘八屋敷にせよとて、三反餘の地面を御直に被下ルる由也。

そして幕末の臼杵城下の絵図には、矢野勘八屋敷として「弐反八畝六歩菜園」と記されており、これは屋敷地としてはひときわ広いほうである。ここから、雪窓の長崎での「破邪」説法には、臼杵藩主稲葉氏の後援があったことが推測される。

以上のように、雪窓の「破邪」説法は、幕府・長崎奉行・臼杵藩の意向を受けたものであるが、これによって受戒するものが多数に及んでいる。雪窓は、これより二年後に遷化した。そのために、雪窓の目的は十分に実現しなかった。しかし雪窓は、仏教に帰依したことを示す何らかの儀式を行なう「授戒」という積極的な布教によって、妙心寺派の地盤を長崎に築いていこうとする意図があったのではないだろうか。

では雪窓が属した臨済宗妙心寺派は、排耶活動とどのように関わっていたのだろうか。十五世紀後半の応仁の乱以後、室町幕府の保護のもとに高い格式を誇っていた五山（禅宗寺院の格式）は、衰微していった。そして、この五山の衰微とは逆に妙心寺は発展していったが、妙心寺聖沢院の中興の祖である庸山景庸は、排耶活動に関わったと伝えられる。『宗統八祖伝』には、次のような逸話が残されている。

ある戦国武将が、最初、キリシタンに帰依していたが、京都に上るたびに庸山に接し、やがて庸山に傾倒するようになった。そして庸山を自らの城下に招き、キリシタンの首領と対決させた。庸山はこれを論破し、キリシタンの首領は逃げ去ったというのである。この逸話は、たとえばこの戦国武将を比定するのも困難で、実証できないのだが、この庸山の系統に排耶僧が輩出するのである。

庸山の法嗣に愚堂東寔がいるが、愚堂は、江戸初期に四度妙心寺に住し、その繁栄の基を築

表2

起立再興年代	寺院数
稲葉氏入封以前	13
慶長	15
元和	1
寛永	8
正保〜万治	4
寛文延宝	12
天和貞享	1
元禄以後	4
不詳	12

計七〇ヵ寺（寺請寺院）

表3

宗旨	寺院数
禅宗	31
一向宗	21
真言宗	6
天台宗	2
日蓮宗	2
浄土宗	8
民間信仰	24
不詳	6
その他（廃寺・無住）	29

計一二九ヵ寺

（注）『寺社考仏之部』により作成
なお『寺社考』には臼杵藩内のすべての寺は網羅されてはいないようだが、これにより概要はつかめると思う。

き、関東・北陸・九州を巡って教化活動を行なった。そしてこの愚堂の門下に、鈴木正三がいる。正三は曹洞禅僧であったが、一方で愚堂の門下でもあった。また愚堂の高弟に一糸文守がいるが、この一糸と親交があったのが雪窓宗崔なのである。

さらに妙心寺派と排耶活動との関わりについて、眼を豊後臼杵藩に転じてみよう。臼杵には、関が原の戦い後の慶長五（一六〇〇）年末に、稲葉氏が美濃から入封してきた。この稲葉氏と妙心寺との関係は深く、稲葉氏は、月桂寺と多福寺を中心に多くの妙心寺派寺院を建立した。この中、月桂寺は稲葉氏の菩提寺で、多福寺は二代藩主稲葉典通がその師事する了室和尚のために建立したものである。雪窓は、後にこの多福寺二世となっている。そして臼杵藩内の寺社を記載した『寺社考』によれば、月桂寺の末寺は十二カ寺、多福寺の末寺は十一カ寺を数える(表2・3参照)。月桂寺の第四世大安和尚は、臼杵藩内で有数のキリシタンが数多く存在した野津に、普現寺を再興してキリシタンへの教化を行なった。『普現寺略記』には、「于兹正保丁亥年、月桂四世大安和尚、当寺に於て専心に菩薩に祈誓して、彼邪教を破し、彼邪徒を教誡して、正法に帰入せしめたり」と記されている。すなわち月桂寺の大安和尚は、雪窓が長崎で破邪説法を行なったのと同じ年の正保四(一六四七)年、野津の普現寺でキリシタンへの教化活動を行ない、仏教に帰依させたのである。

「破邪」をめぐる連携

以上、鈴木正三を中心とする曹洞禅僧と、雪窓宗崔ら妙心寺派禅僧との排耶活動についてみてきたが、そこから次のようなことが確認できよう。両者の排耶活動は、明らかに幕藩領主の

排耶僧の関係図

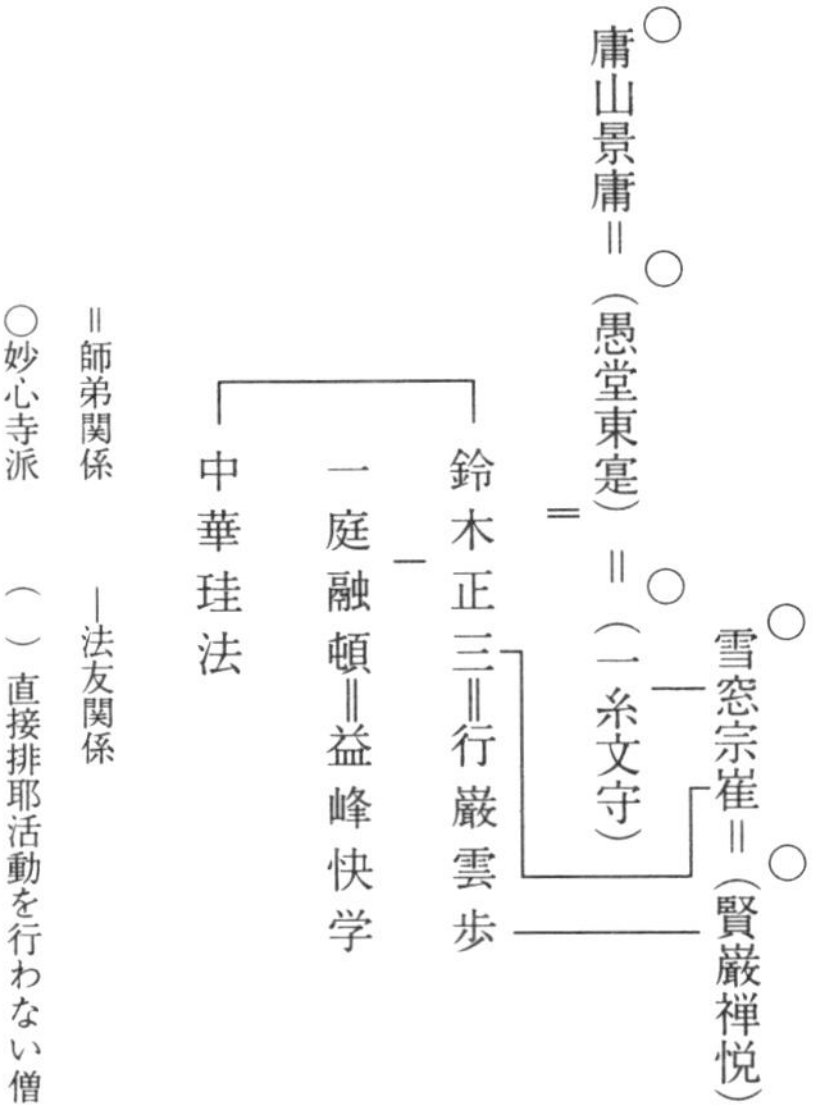

要請を受けており、またその活動は、それが行なわれる時期や条件によってその方法は若干異なっているが、排耶僧たちも幕藩領主の要請に協力しながら、一方で自らの教線も拡大していったのである。そして両者は、ともにキリシタンが数多く存在する地域へ進出していったのだが、地盤をめぐって相対立するというよりは、むしろ「破邪」について連携・協力しているように思われる。

すでに述べたように、鈴木正三は、曹洞宗の僧籍にあったが、一方では妙心寺の愚堂東寔の門下でもあった。また、正三と雪窓宗崔とは、同じ頃、キリシタンへの教化活動に携わり、ともに排耶書を著しているが、両者は以前に交流があった。先述した正三の伝記『石平道人行業記』には、「明年（元和八＝一六二二年）、豊の雪窓和尚、高野の玄俊律師と、同く和の法隆寺に投じて、律を綜《なら》い経を学す、迺ち沙弥戒を俊律師に稟く」と記されている。つまり元和八年、正三と雪窓とは、高野の玄俊律師とともに大和の法隆寺に投じて経典を学び、玄俊律師から沙弥戒を受けている。

また寛文八（一六六八）年頃、豊後細川領でキリシタンへの教化を行なっていた正三門下の行巌雲歩は、かつてこの地域のキリシタンの巨魁であった鵜獵河瀬の得丸某の志を助けて、能仁寺梵鐘を新鋳した。そしてその銘を、法友である臼杵多福寺賢巖禅悦に記すことを求めている。賢巖は、多福寺二世雪窓のあとを継いで、多福寺三世となっていたのである。ここに豊後細川領と臼杵藩の僧侶、正三門下と雪窓門下との「破邪」をめぐる連携をみることができる。

このように、九州各地で排耶活動を行なった禅僧たちは、師弟関係、法友関係などさまざまな形で結びついており（排耶僧の関係図参照）、個々の禅僧がそれぞれの立場で活動したとしても、排耶僧全体としては一つのまとまりをもって、「破邪」を推進していったといえよう。

幕府によるキリシタンの位置づけ—宗門改役井上政重と長崎奉行馬場利重をめぐって—

次に、排耶活動における幕藩権力、とりわけ幕府の意図について検討したいと思う。

幕府の初代宗門改役となった井上筑後守政重の初期幕政における位置は、かなり重要なものであった。政重は、天正十三（一五八五）年、井上清秀の四男として遠江国に生まれた。若い頃にキリシタン大名蒲生家に仕えていたが、慶長十三（一六〇八）年に二代将軍徳川秀忠に仕え、大坂の陣に参加し、その後三代家光に仕え、以後幕臣としての道を歩むことになる。ところで政重の母永田氏は、秀忠幼時の乳母であった。そして兄の正就は、永井尚政・板倉重宗とともに「近侍の三臣」と称された秀忠の寵臣であった。また正就の娘、つまり政重の姪は、後の老中松平信綱の妻であり、政重の妻は、太田資宗の姉であった。太田資宗は、松平信綱らとともに、家光の側近グループである「六人衆」の一人となり、後に奏者番となっている。奏者番とは、年始や五節句に際して、大名や旗本が将軍に謁見する時に、姓名の奏上、進物の披露、将軍からの下賜物を伝達する役職である。このような政重の出身・閨閥なども、後に政重が、寛永期幕閣に進出していく一つの要因となっていると考えられる（井上政重関係系図参照）。

政重は、寛永二（一六二五）年に目付となり、同四年に従五位下筑後守に任じられ、同九年十二月には水野守信・柳生宗矩・秋山定重とともに惣目付（大目付の濫觴）に任じられた。すなわち政重は、寛永九年の時点で幕閣に登場してくるのである。

この寛永九（一六三二）年一月、大御所徳川秀忠が死去し、ここに家光政権が実質的に出発

井上政重関係系図

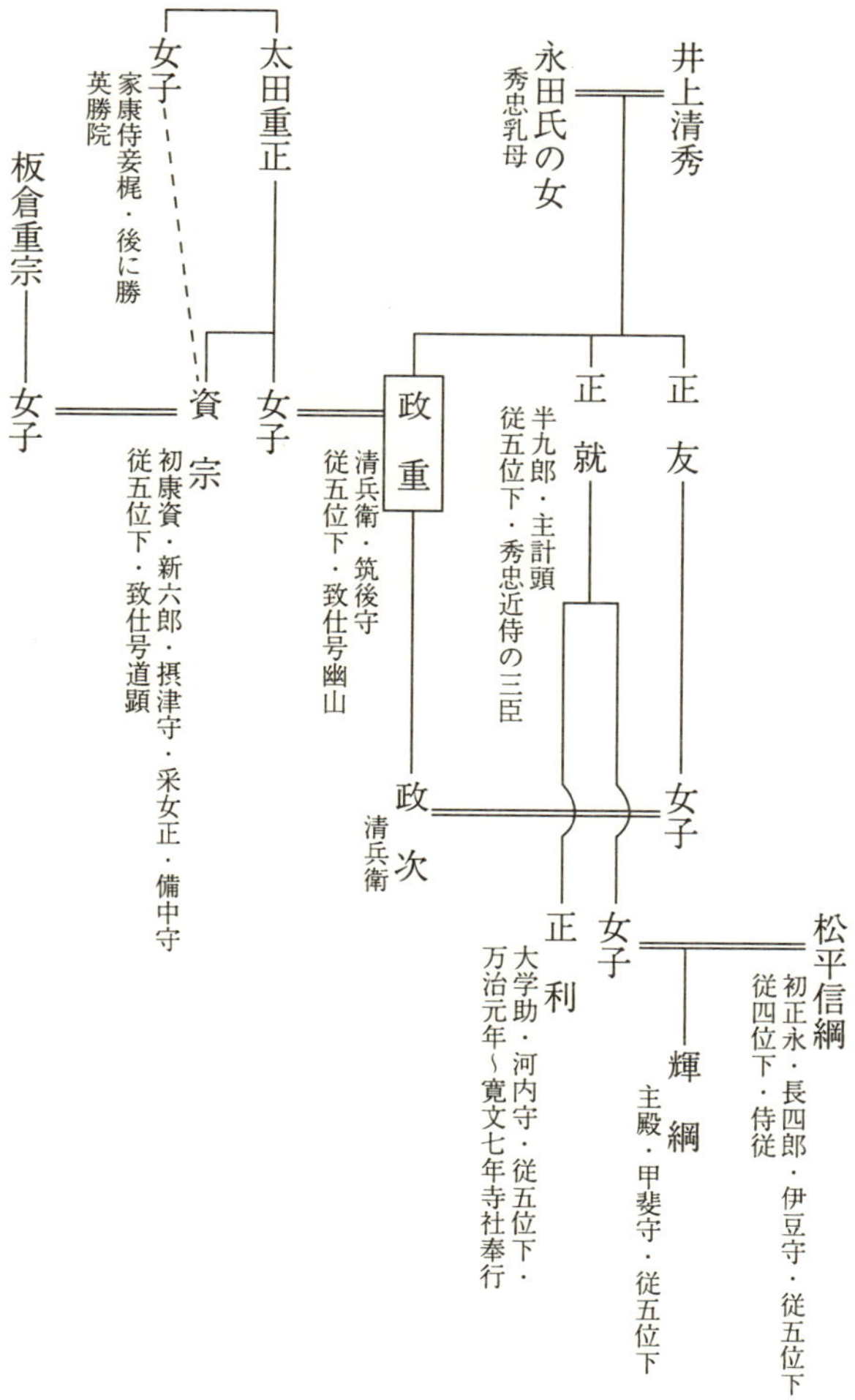

井上清秀
永田氏の女
秀忠乳母
正友
女子
正就
半九郎・主計頭
従五位下・秀忠近侍の三臣
政重
清兵衛・筑後守
従五位下・致仕号幽山
政次
清兵衛
正利
大学助・河内守・従五位下・
万治元年～寛文七年寺社奉行
女子
松平信綱
初正永・長四郎・伊豆守・従五位下
従四位下・侍従
輝綱
主殿・甲斐守・従五位下
太田重正
女子
家康侍妾梶・後に勝
英勝院
女子
資宗
初康資・新六郎・摂津守・采女正・備中守
従五位下・致仕号道顕
板倉重宗
女子

した。政重は、まさにこの家光政権の出発とともに、幕閣に進出していったといえよう。

大目付になってからの政重については、江戸城構築の奉行、韓使・琉球使の接待、地方の民情視察などその任務は多岐にわたっているが、次第にキリシタンの取締りに深く関わるようになる。政重とキリシタン禁制との関係は、島原・天草一揆に際して、寛永十五（一六三八）年正月三日、家光より島原への上使に任命されたことに始まる。この時政重は、原城に立てこもる一揆勢の強靱で執拗な闘いを目のあたりにして、深い衝撃を受けた。そしてこの体験が、その後の政重のキリシタン取締りに大きな影響を与えることになる。

そして政重は、島原・天草一揆の終焉後、毎年のように長崎に派遣され、「長崎政務」、すなわち鎖国の成立に関わる諸事務にも責任者として関与し、紅毛人混血人の国外追放、平戸のオランダ商館の破壊（後に長崎に移転）などの任務を推進した。そのためオランダ人の眼には、政重は「長崎の支配を命ぜられた」存在として映っていた。また政重は、「長崎政務」の一環として、キリシタンの町である長崎におけるキリシタン対策にも関係するが、この長崎におけるキリシタン対策においては、次に述べるように、常に長崎奉行馬場利重と連携しているのである。

一方馬場利重は、寛永十三（一六三六）年五月、長崎奉行榊原職直とともに長崎の事を命ぜられ、老中連署の下知状を授けられて、「長崎政務」に関わってくる。そして翌寛永十四年十一月には、島原・天草一揆の勃発によって、榊原職直とともに長崎鎮禦を命ぜられ、さらに征討上使板倉重昌に属して原城攻撃に参加し、また細川忠利の軍監に任ぜられた。その後利重は、一揆終焉後まもなく寛永十五年十一月に大河内正勝とともに長崎奉行に任命され、承応元（一六五二）年まで十五年にわたってその地位にあった。このように利重は、島原・天草一揆鎮圧に深く関わり、その後は鎖国体制が完成する時期に、長期間にわたって長崎奉行を務めたのである。利重が長崎奉行として重要視されたことは、承応元年一月に辞職したのにもかかわらず、同年五月、後任の長崎奉行甲斐庄正述に付き添って長崎に赴くように命令されていることからも窺える。

また利重は、島原・天草一揆後まもなく「諸宗碩匠」、すなわち仏教諸宗派の僧侶たちにキリシタンに対する教化活動を命じた。その中の一人に、長崎洪泰寺（曹洞宗、後に晧台寺と号した）住持一庭融頓がいる。一庭は、元和元（一六一五）年頃より家康の命令で、長崎で排耶活動を行なっていた。寛永三（一六二六）年、洪泰寺が寺地を移転した際には、幕府から山地絹銭が下賜され、その移転工事を井上政重が監督したと伝えられる。政重が、はたして寛永三年に長崎に下向して洪泰寺の寺地移転工事を監督したかどうかは不明だが、このように伝えられているのは、政重が長崎における仏僧の排耶活動を指導・援助したことの反映であろう。一庭は、後に正保二（一六四五）年、鈴木正三の要請によって天草に渡り、キリシタンに対する教化活動を行なっている。さらに一庭の弟子の益峰快学も、翌正保三年に天草の月圭山芳証寺に入り、排耶活動に従事している。

そして、一庭・益峰など曹洞禅僧の排耶活動グループの中心には、先に述べたように鈴木正三がいた。正三は、寺院僧侶を役人にして民衆教化にあたらせるという、仏教治国策の実施に執念を燃やしていた。明暦元（一六五五）年、すでに死期を察して人に会うことを避けていた正三は、馬場氏某のみには、仏教の復興を幕閣に達することを托すために面会を許している。その間の事情について、正三の伝記『石平道人行業記』には次のように記されている。

又馬場氏至る、僧、師に白す。師曰く、時まさに至れり、人に値ふに由なし。而れども某に於ては、托する事有りと、乃ち納る。師曰く、正法の復興、嘗て公に説くが如し、転じて執政に達し玉へと。氏敬諾す。

この馬場氏を長崎奉行馬場三郎左衛門利重であろうと、大桑斉氏は推測されている（『寺檀の思想』教育社・一九七九）。この大桑氏の推測が正しいとするならば、利重は、排耶僧グループの中心人物である鈴木正三とかなり親密な関係にあったといえよう。

ところで正保四（一六四七）年、臨済宗妙心寺派禅僧雪窓宗崔は、長崎興福寺で五月六日から二十六日までの二十一日間、「破邪」説法を行なった。この時利重は、市中の老若男女にその説法を聴聞するように命じ、さらに一日雪窓を奉行所に招き、奉行所の役人にもその説法を聞かせている。

雪窓は、この説法を終えた後、オランダ船を見学している。『長崎オランダ商館の日記』一六四七年七月十七日（正保四年六月十五日）の条には、次のように記されている。

奉行が通詞伯左衛門を遣わして、ボンジョの僧セチオシヨサマという日本三賢の一人がオランダ船を見たいというので船内を清潔にするように伝えた。準備が整うて彼は船に来て、上から下まで見、また水夫が檣上から海に飛込むのを見て喜び、船の清潔で堅固なことをほめた。彼が長崎に来たのはローマ教の信徒を転宗させるためで、八日に一度説教する時には、聴衆は非常に多いという。彼は身體肥え、頭は大きく耳朶は頬の上まで延び、知識も外貌も異常と認められている。

この史料によって、雪窓の長崎での説法に多数の聴衆が集り、また奉行馬場利重が、雪窓を歓待したことが窺えよう。

この雪窓の「破邪」説法について、多福寺一世了室・二世雪窓・三世賢巌の行状を記した

『多福行由』には、「領二宰官之命一、到二肥之長崎一」とある。また寛保二（一七四二）年に成立した、豊後に関わる高僧の伝記を集成した『豊鐘善鳴録』には、「因二鈞命一如二長崎《ニ》一講二経《ヲ》于興福寺《ニ》一闘二斥天主教徒邪解《ヲ》一」と記されている。すなわち、幕府の命令による説法であることが窺えるのである。また『雪窓和尚行状』はこの説法について、「長墺《ノ》監察使井上築《（ママ）》後守令下長墺衆《ヲ》分《テ》為《シ》レ四《ト》毎日更《ヘテ》レ番《ヲ》而聚《ラ》上」と記している。正保四年五月には、政重は長崎に滞在しておらず、実際に説法を指揮したのは馬場利重であった。ただ、この説法が幕命によるものであり、『行状』に政重の名が出てくることから、政重が説法に関与したことは充分に推測しうる。このように雪窓の「破邪」説法においても、政重と利重は連携していたのである。

では、政重と利重の連携のもとに行なわれた排耶活動において、実際にその任を担った排耶僧たちは、キリシタンをどのように位置づけていたのだろうか。

曹洞禅僧の排耶活動グループの中心的存在ともいえる鈴木正三は、その著書『破吉利支丹』の中で、キリシタンを「此国を南蛮へ取べき謀を以て、様々虚言して、人をたぶらかす」と述べている。また、正三の懇請で天草で排耶活動を行なった中華珪法は、富岡郊外のキリシタンの首塚の上に建てられた供養碑の碑文を撰したが、そこでキリシタンが起こした島原・天草一揆とは、「欲覆国家」したものであったとしている。つまりキリシタンとは、国家を転覆するための謀事、すなわち侵略のための方便であり、侵略宗門であるとしているのである。

正保二（一六四五）年に正三が天草を去るにあたって後事を託された一庭融頓は、天草で排耶活動を行なった後に長崎に戻った。一庭は、慶安二（一六四九）年に長崎奉行所に晧台寺退院を願い出たが、その時に「長崎者異国本朝之会所ニ而御座候得者、無智無能之出家住持仕候得者、説法教化茂難成候」と述べている。長崎や天草で長い間排耶活動を行なってきた一庭にとって、長崎が「異国本朝之会所」であるということは、次のようなことを意味したであろう。それは、異国（外国）と本朝（日本）とを峻別し、長崎において異国の宗門であるキリシタンに対峙しつつ、教化活動を進めることだったのである。

正三の最晩年の弟子の一人である行巌雲歩は、寛文五（一六六五）年に豊後鶴崎の細川領で「破邪」説法を行なった。この時雲歩は、キリシタンについて「天下の敵」とした上で、次のように述べている。

日本第一の極悪逆は、耶蘇の徒に於て過たるは莫し。此界他界悪んで断ずべきは、南蛮の教に於て比するは莫し。

つまり雲歩にあっては、キリシタン＝「南蛮の教」は、「日本第一の極悪逆」であり、「天下の敵」と認識されていた。

以上のように排耶僧たちは、キリシタンを宗教として論破するのではなく、「侵略宗門」・「天下の敵」として位置づけている。そしてこの主張は、幕府の国家主権掌握の正当性を擁護するものでもあった。承応元（一六五二）年、甲斐庄喜右衛門正述が長崎奉行に任命された時、家光の御前に召され、「本邦の事は当家にまれ他家にまれ。とるもとらる、もおなじ国中の事にて一分の恥なり。もし外寇の事有て。寸地なりとも辺境を掠られんには。是日本の恥といふものなり。さらば長崎奉行の職は大事なれば。よくこゝろゆるびなく。おごそかに慎むべし」（『徳川実紀』大猷院殿御実紀付録巻四）とくり返し命じられた。このように「天下の敵」を排除する要職が、長崎奉行とされるのである。キリシタンを幕藩制国家の「敵」と設定し、この「敵」から「日本」を防衛するという名目で、幕府は自ら国家の主権掌握を正当化し、それを直接担うものとして、長崎奉行を位置づけている。それゆえに長崎奉行は、異国を意識しつつ、キリシタン禁制をゆるがせにはできなかったのである。

排耶活動と朝廷―後水尾院をめぐって―

すでにみてきたように、寛永四（一六二七）年に幕府が、大徳寺・妙心寺などの僧への紫衣着用の勅許を無効としたために、いわゆる紫衣事件が勃発した。この幕府の強硬措置に対して抗議した禅僧たちの中で、大徳寺の沢庵と玉室、妙心寺の単伝と東源が、同六年に配流に処せられることになった。後水尾天皇は、この紫衣事件によって譲位し、「朝幕確執」、すなわち朝廷と幕府の対立はピークに達することになった。なお沢庵らは、寛永九（一六三二）年に至って赦免されている。

寛永十一年、徳川家光は、諸大名以下およそ三十万七千余人を従えて上洛し、勅使・院使をはじめ、公家衆・諸大名・僧侶の盛大な歓迎をうけた。ここに幕藩制初期における一連の「朝幕確執」は幕府の勝利に終わり、この在京中に家光は、上皇の供御田七千石を献じて合計一万石とし、また、上洛の祝儀として銀五千貫を市民に下すなど、将軍家の威勢を示したのであった。

以上のような朝幕関係の確定の中で、寛永十二（一六三五）年十月、京都所司代板倉重宗は、所管の地域のキリシタン転宗者とその他一般の百姓・召仕のものに、南蛮誓詞の案文（書式）三カ条を示し、転宗者には三カ条を、その他の者には三カ条中二カ条を書き、提出するように命じた。南蛮誓詞とは、キリシタンが棄教した場合、再びもとの信仰に立戻らない旨を、あるいは単にキリシタンでないことを明らかにするために、デウスやサンタ・マリアなどの名にかけて誓った起請文である。キリスト教を転んだ者に対して、再びキリシタンに立帰らないことをキリスト教の神に誓わせるという、矛盾した奇妙なものであったといえよう。

同年十月十日に摂政となった二条康道は、その日記に「十月十八日、乙未雨、自両伝奏使者来、今度吉利支丹の自江戸可穿鑿由申来に付、従板倉周防守処、此書付并文来、禁裏、仙洞、女院内衆、公家門跡内衆、不残可加判由申返也」と記し、さらに「南蛮誓詞案文」ならびに「周防守副状折紙」を載せている。このように朝廷は、京都所司代の命令、武家伝奏の伝達によって、南蛮誓詞を提出するように命じられ、幕府にキリシタン禁制を誓うことになったのである。

そして寛永十八（一六四一）年、赦免後家光の優遇をうけた沢庵らの努力によって、大徳寺・妙心寺の出世入院が復旧し、紫衣事件に終止符が打たれた。以後、大徳寺・妙心寺は繁栄をきわめ、臨済宗の主流たる地位を確保するに至ったのである。

以上みてきたような朝幕関係の確定、紫衣事件の終結という状況の中で、朝廷は、次に述べるような役割を果たすことになる。紫衣事件の当事者であった大徳寺の沢庵・江月の排耶活動については、両者ともに、紫衣事件終結以後も後水尾上皇や朝廷の貴紳たちと親密な関係を保持しつつも、幕藩領主の要請をうけて排耶活動に関与している。これについてはすでに述べたので、以下、もう一方の紫衣事件の当事者である、妙心寺派の禅僧の排耶活動と、彼らと後水尾上皇や朝廷との関わりについてみていこう。

正保四（一六四七）年春に長崎で「破邪」説法を行なった臨済宗妙心寺派禅僧雪窓宗崔は、後水尾上皇の「問法の侶」とされていた。寛永十七（一六四〇）年、雪窓は、一糸文守の奏聞によって後水尾上皇に謁して禅要を説き、この時に光明皇后筆の法華経一軸と金毛の払子一揮、および鼈甲の杖一本を下賜されたといわれる。さらに正保三（一六四六）年、五十八歳の時に紫衣を賜り、翌正保四年には後水尾上皇の勅によって参内し、臨済録を講じている。

ところで雪窓は、すでに述べたように、幕府の要請や援助のもとに「破邪」活動を行なっていたのだが、一方で「朝幕確執」の朝廷側の中心人物である後水尾上皇と接触し、さらに「朝幕確執」の最大の焦点であった紫衣を下賜されていることは、注目される。

また、先に述べたように、妙心寺派と「破邪」活動とは密接な関係を持っていたが、一方で妙心寺派は朝廷、特に後水尾上皇と深く結びついていた。すなわち、妙心寺派の繁栄の基をなした愚堂東寔は、後水尾上皇に召されてたびたび禅要を説いている。そして、愚堂の高弟である一糸文守は、後水尾上皇の譲位後に第一に召されたといわれ、この一糸の奏聞によって雪窓が、後水尾上皇に謁して禅要を説いたのである。さらに、妙心寺派の雲居希膺、龍渓性潜も後水尾上皇に召されている。

以上の事実によって、妙心寺派と「破邪」活動、妙心寺派と朝廷との親密な関係が確認できるといえよう。では、妙心寺派と連携して排耶活動を推進していった曹洞禅僧の場合は、朝廷との関わりはどのようなものであったのだろうか。

長崎や天草で排耶活動を行なった、曹洞禅僧の一庭融頓は、後水尾上皇に召されて禅要を説いたと伝えられる。皓台寺什宝物の中には、後水尾上皇が一庭に下賜した「後水尾上皇透冠御垂附」一組がある。この一庭は、寛永十九（一六四二）年九月、参内して明正天皇に拝謁し、紫衣ならびに「普昭皓台」の寺号を賜った。享保十二（一七二七）年に成立した、曹洞禅僧の伝記集である『日本洞上聯燈録』巻第十一には、次のように記されている。

秋九月召至二闕下一。対揚称レ旨。上大悦。加二嘉号寺一。曰二普昭皓台一。賜二紫衣徽号一。詔書曰。海雲山峯之清高。廓二肥州熟所之勝景一。普昭皓台之壮麗。称二長崎名区之精藍一。一庭和尚西天比丘。東甫的子。提二現成公案密印一。体用全彰。演二妙湛総持言詮一。自他以利。爰承二柳営之鈞命一。闢二禅窟一。而大臣二宗徒一。元伝二芙蓉之加裟一。弁二仏魔一。而能弘二祖道一。奄達二雅望於禁闕一。普播二名声於遠邦一。特賜二了外広覚禅師一。既陞辞西帰。

このように一庭は、「柳営之鈞命」、つまり幕命によって教化活動を行ない、「仏魔」を排斥していったのだが、この評判が「禁闕」に達したことによって、特に了外広覚禅師の号を賜ることになったのである。ここでいう「仏魔」とは、必ずしもキリシタンを指すとは限らない。しかし、一庭のこれまでの経歴から考えて、「仏魔」がキリシタンを指し、一庭がキリシタンを論難したことによって、朝廷から了外広覚禅師の号を与えられたという理解の仕方は、必ずしも不当なものではないように思われる。

さらに、すでにみてきたように、一庭の弟子の益峰快学についても、以下のような点が指摘できる。快学は、ある時一庭の使者として天草に渡り、代官鈴木重成に謁した。このことが機縁となって快学は、正保三（一六四六）年に天草の月圭山芳証寺に入ることになった。芳証寺は、前年の正保二年に、重成が幕命によって建立したものであった。そしてその開山は、天草で排耶活動を行なった中華珪法であった。当然、快学も天草で排耶活動を行なったと考えられる。快学は、後に郡中禅刹代表として将軍家光に四回拝謁するとともに、召されて宮中に参内して綸旨を賜ったといわれる。

このように、排耶活動に携わった曹洞禅僧たちに対しても、朝廷は、禅師号を与えるなど密接な関係を取り結んでいたのである。

では、ともに連携して「破邪」活動を推進した妙心寺派禅僧たちと曹洞禅僧たちが、朝廷と深く関わったことが確認できるとするならば、朝廷は、「破邪」において自らをどのように位置づけたのであろうか。

天草で排耶活動を行なった中華珪法は、キリシタンの首塚の上に建てられた供養碑に、キリシタンについて「彼宗旨者拠源元来邪師外道法也。故不信正法、不貴仏神、不敬王法、只是欲奪他之国志無二無三也」と記している。つまりキリシタンは、正法を信じ、仏神を貴び、王法を敬うような「国家」を脅かすものとして、認識されているのである。では、このようなキリシタンに対置される「正法」は、誰によって、どのように担われたのだろうか。

後水尾上皇は、落髪後、後光明天皇に与えた訓戒の消息の中で、次のように述べている。

> 敬神は第一にあそはし候事候条、努々をろそかなるましく候、禁秘鈔発端の御詞にも、凡禁中作法、先神事、後に他事、旦暮敬神の叡慮無懈怠と被遊候歟、仏法又用明天皇信しそめさせ給候やうに、日本紀にも見え候へは、すてをかれかたく候、摠して上を敬ひ下を憐み、非道なき志ある者に、仏神を信せさる者はなき道理にて候へは、信心なる者は、志邪路ならさるとしろしめさるへく候、何事も正路を守らるへき事肝要に候

すなわち後水尾上皇は、「正法」、つまり「敬神敬仏」を担う者として、自らを位置づけているのである。後の事になるが、天皇がキリシタンに対置される「正法」を担うといった認識は、

幕末に至って以下のような形で現出する。外圧が進行していくなかで孝明天皇は、安政五（一八五八）年六月十七日に、『大神宮に奉幣して外患を祈祷する宸翰宣命』で、「爰に去ぬる嘉永の年より以往、蛮夷屢来れども、殊に墨夷は魁首と為て、深く我が国と和親を請ふ所、後年併呑の兆、又邪教の伝染も亦恐る可し」と、開国によってキリスト教が流入してくる恐怖を述べている。そして孝明天皇は、邪教の伝染から「我が国」を守るために、伊勢神宮に「偏に厚き御恤、広き御助」を祈るのである。

以上みてきたように、後水尾上皇を中心とする朝廷は、ともに連携して排耶活動を推進した妙心寺派禅僧や曹洞禅僧の要として、浮上してくるのである。つまり、幕府が「天下の敵」として排除するキリシタンに対して、朝廷は、キリシタンに対置される「正法」を担い、排耶活動を行なう禅僧たちに紫衣や禅師号を与えるなど、排耶活動を顕彰する役割を果たしていた。このように幕府と朝廷とは、排耶僧たちを媒介として、「破邪」をめぐって結託していたといえよう。

このようなキリシタン排除をめぐる朝幕結託関係は、知識人の眼にも次のように映っていた。長崎の儒者向井元升は、明暦元（一六五五）年、『知耻篇』三巻を著して、伊勢外宮の度会氏に寄せた。その中で元升は、仏教およびキリスト教を攻撃し、神儒習合の立場から、皇室尊崇によって教化を図ろうとする。元升は、天皇・公家・将軍の関係について、「日本は神国也。神は神道也。天子は神道主宰。三公九卿は神道之有司。大将軍は神道の守護にてわたらせ玉ふらんとぞ覚え奉る」とし、キリスト教排斥については、「日本は神道たゞ敷国なれば、忝も〳〵東照大権現宮御示現まし〳〵ければ、南蛮人終に間を為し得ず、きりしたんのこらず滅亡したるにて見るべし、しるべし」と記している。すなわち、キリシタンは神道によって排除され、神道の主宰者が天皇で、守護者としてキリシタンの排除を実現するのが将軍であるという観念を持っていたのである。

ケンペルの眼

オランダ東インド会社付のドイツ人医師エンゲルベルト・ケンペルは、元禄三（一六九〇）年、長崎出島に渡来し、二年あまり日本に滞在したが、その間二度にわたってオランダ商館長の江戸参府旅行に随行している。ケンペルは、有能な日本人の助手によって、日本に関する厖大な資料を収集した。この助手は、後にオランダ通詞として活躍した今村源右衛門英生ではないかといわれている。またケンペルは、二度の江戸参府旅行に随行したことによって、非常に限定された条件下にあったとはいえ、日本国内を直接に見聞することができたのである。

帰国後ケンペルは、日本に関する厖大な著作を行なったが、その生前中の一七一二年に出版されたのはほんの一部で、ラテン語版の『廻国奇観』という論文集であった。この『廻国奇観』の中に、「もっともな理由のある日本の鎖国」という論文が収められている。これが後に、享和元（一八〇一）年に長崎のオランダ通詞志筑忠雄によって訳出され、「鎖国論」と名づけられて、外圧の高まる状況下で知識人の間に流布したことは、よく知られている。そして「鎖国」という呼称は、この時に始まったのであり、以後、長く使用されるに至っている。

なおケンペルの厖大な著作の原稿は、その死後、イギリス人の蒐集家が入手し、一七二七年にロンドンにおいて英語版で『日本誌』として出版された。この時に『廻国奇観』が、付録として収められた。その後『日本誌』は、オランダ語、フランス語、ドイツ語に訳されて出版され、十八世紀中頃にオランダ語版が日本に輸入された。志筑忠雄は、このオランダ語版から「もっともな理由のある日本の鎖国」を訳出したのである。

さてケンペルは、「もっともな理由のある日本の鎖国」の中で、天皇について興味深い指摘をしている。ケンペルは、十七世紀初めの江戸幕府の成立について、以下のように述べている。

今世紀すなわち一七世紀の初めに当り、同じように征夷大将軍に任ぜられた若い公子が幕府を確立し、教界の朝廷とは全然別個の自己の権力を専有するに至った。かれは最高の君主権の完全分離を実現したのである。これは極めて重要な事であったが、しかしそれまでに十分にその下地が出来ていたので、実現にはそれほど骨は折れなかったのである。かれは家系が若いので、自らは絶対に皇位に即くことは望み得ないのであったが、この先祖伝来の神聖な皇室から俗界政治の全権力を取り上げ、兵馬の権を完全に自己の手中に収めた。しかし教界に所属する事柄については、一切の権力を少しも損わずにこれを天皇に保留し、天皇は現にその権限を享有し、神々の正統な後継者として認められ、現つ神として国民から尊敬されているのである（今井正訳『日本誌』霞ケ関出版・一九七三）。

このようなケンペルの天皇についての指摘は、勿論、ケンペルが日本人の助手によって資料を収集して、ケンペルなりに纏めたものであるから、事実関係において多くの誤謬を含んでいる。しかしケンペルが、幕府が兵馬の権（軍事権）を中心に俗界の全権力を掌握しているのに対して、天皇は教界に所属する権限だけを保持しているとしたことは、注目される。これより約百五十年前に日本にキリスト教を伝えたザビエルは、来日前に天皇について、「ローマ教皇のように宗教家たちを統轄する教権的存在」であると認識していた。ザビエルとケンペルとでは、カトリックとプロテスタント、聖職者と俗人というように立場が異なり、また日本についての情報量も格段のちがいがあるにもかかわらず、両者の天皇についての評価は、相通じる点が認められるのである。

そしてケンペルは、日本におけるキリスト教禁止の理由について、次のように述べている。

……新たに導入されたキリスト教に対しても、厳しい追放令が出され、キリスト教は先祖伝来の神々を崇拝し、神聖な帝（みかど Mikaddo）を奉ずるこの国の政体と相容れず、国民の和合をやぶり、宗教の合一にもとるものであると断ぜられた。……新しい切支丹衆の非常に強い団結や、古来の祖神に対する憎悪や、新しい信仰を守ろうとする頑強な熱意等が、当局者に大いに不安の念を抱かせていた。

このようにケンペルは、キリシタン排除において、日本国の政治体制のなかに天皇が存在するということが、重要な契機となっていることを指摘しているのである。十七世紀末に、キリシタン禁制下の日本に渡来した一ヨーロッパ人の眼にも、キリシタンの排除に天皇・朝廷の存在が重要な役割を担っていると映っていたのである。

むすび

ザビエル来日から四百五十年目にあたる一九九九年夏、突如として、あるいはそのように見えるだけなのかもしれないのだが、「日の丸・君が代」法案が浮上し、国会で十分な審議をされないで通過した。こうしたなかで政府は、「君」の解釈をめぐって非常にもってまわった言い方で、「君」は「国民の統合の象徴としての天皇」を指すとした。近代天皇制国家のもとにあって、「信教の自由」が天皇制の枠組みのもとでしか認められず、民衆の宗教意識が抑圧されたことは、周知のことである。天皇が、さまざまな媒介のかなたで、人々の宗教意識を統轄し、抑圧したのは、決して遠い過去の話ではないのである。

本書では、ザビエルが日本にキリスト教を伝えてから百年間に及ぶ「キリシタンの世紀」と呼ばれる時期の、キリシタンと天皇との関わりについてみてきた。この時期は、織田信長・豊臣秀吉・徳川家康によって統一政権が成立してくる時期でもあった。豊臣秀吉による「伴天連追放令」の発令、二十六聖人の殉教、江戸幕府によるキリシタンへの凄惨な弾圧は、多くの

「迫害と殉教」の物語を生み出してきた。そして、この弾圧者として前面に登場したのは、まさに豊臣政権であり、徳川政権であった。しかし最初の「大うすはらひ」、つまり「伴天連追放」は、天皇の綸旨によってなされたのであり、この事実は決して見過ごしにしてはいけないだろう。

ところで、本書で何度も指摘したように、キリスト教の宣教師たちは、日本布教を開始する以前より、日本に「天皇」という存在があることを認識していた。ザビエルは、来日前に、ランチロット編『日本情報』によって、天皇とはローマ教皇のように宗教家たちを統轄する教権的存在で、王権（世俗的支配権）を従属させる強力な権力であると考えていた。それゆえにザビエルは、天皇を教化し、それによって全国の布教を推進していこうという目論見を持った。

しかしザビエルは、来日後、念願の上京を果たしたが、当時の京都の荒廃や皇室の衰微を目のあたりにして、それまでの「天皇観」を訂正せざるをえなくなってしまった。ザビエル来日当時の天皇は、ザビエルの期待から大きくはずれた、布教を許可して布教の役に立つことができないような、無力な存在だったのである。そのためにザビエルは、有力な戦国大名であり、キリスト教に好意を示した大内・大友氏の後援によって、日本布教を推進していこうと考え、やがて日本を去った。

けれども、ザビエルから後事を託された宣教師たちは、名目上とはいえ、天皇と将軍が常住する最高の政庁の所在地である京都の重要性を考え、京都での開教を図った。そして永禄三（一五六〇）年、将軍足利義輝より、布教許可の制札を得た。最初のキリスト教布教の許可は、室町幕府の将軍によってなされたのである。

京都開教より五年後の永禄八年五月、布教許可を出した足利義輝は、松永久秀らによって暗殺された。この将軍暗殺という政治的混乱状況の中で、七月五日付で正親町天皇の綸旨によって、宣教師たちは京都から追放されたのである。

このように、最初の伴天連追放が天皇によってなされたということは、以後、統一政権の成立と分かちがたく結びついて進行する「キリシタン禁制」において、天皇・朝廷が重要な位置を占めるであろうことを十分に予測させるものであった。事実、天皇・朝廷は、その後一貫してキリシタンに敵対し続けたのである。

さて、綸旨による「大うすはらひ」を経験した宣教師たちは、天皇が政治的混乱状況の中とはいえ、キリシタンを排除する力を保持していて、それまで考えていたように、まったく無力な存在ではないことを認識するに至る。そればかりか、天皇は「神と仏」の教えの擁護者であり、キリシタンに敵対する勢力の中心であることを理解するに至ったのである。

永禄十一(一五六八)年、織田信長が足利義昭を擁して入京し、ここに戦国の割拠状態は終焉に向かうことになる。翌永禄十二年、宣教師たちは、織田信長、将軍足利義昭によって、再び京都での居住を許可された。そしてキリスト教布教は、織田政権下においては信長の強力な保護のもとに、天皇の反対にもかかわらずに推進されたのである。宣教師側は、相変わらず天皇がキリシタンに敵対する勢力の中心であるとしながらも、信長の権力強化によって、天皇による「キリシタン禁制」は不可能になったと認識するようになる。

天正十五(一五八七)年六月、豊臣秀吉はいわゆる「伴天連追放令」を発令した。これについて宣教師たちは、次のように理解している。つまりキリシタンは、天皇・公家が尊崇する日本の神々の教えに反するために追放される、というのである。この日本の神々とは、過去の偉大な天皇、公卿、諸侯たちで、特に指定された人々であった。秀吉は、その神々の一人になろうとしていた。そして宣教師たちは、秀吉が八幡神として祀られることを望み、「今一人の天照大神」として神々の筆頭に位置しようとしていると、考えたのである。

さて江戸幕府は、慶長十七(一六一二)年八月、キリシタン禁制を表明した。以後、キリシタン禁制は、地域的偏差はあるにせよ、幾度かの弾圧のピークを経ながらも、寛永十四～十五(一六三七～三八)年の島原・天草一揆後は、幕藩制国家の支配のおよぶ全地域で厳重に実施されることになった。そのような状況のもとで天皇・朝廷は、紫衣事件の解決などによって朝幕関係が確定する寛永十年代以降、排耶活動を通じて幕府に結びついていくことになる。すなわち天皇・朝廷は、幕府の推進する「キリシタン禁制」に協力し、キリシタンを「侵略宗門」・「天下の敵」として排斥する排耶僧グループと関係した。そして自らを、キリシタンに対置される「正法」、「敬神敬仏」を担うものとして位置づけていったのである。

ここに幕藩制成立期において、緊張と確執を孕んだ権力内部は、キリシタン排除をめぐってはさまざまな形で連携・結託し、幕府の主導権のもとに権力総体として、「天下の敵」であるキリシタンの排除を遂行するに至ったのである。そして幕藩制初期における「朝幕確執」の朝廷側の中心である後水尾上皇は、幕府のキリシタン排除に協力した排耶僧の要としても、登場することになる。

このように天皇・朝廷は、キリシタンに対置される「敬神敬仏」を担うものとして自らを位置づけ、排耶僧の要となった。かつて宣教師たちは、天皇が「神と仏」の教えの擁護者であり、キリシタンに敵対する勢力の中心であると考えていた。この宣教師側の考えを、およそ一世紀後に、天皇自らが実現していくことになったのである。天皇・朝廷は、キリシタンと接触することによって、自らの立場を明確にし、統一権力との関係において、自らの位置づけを行なうことになったのではないだろうか。

しかしキリシタンの問題は、本来、宗教上の問題であったはずである。排耶僧たちは、幕藩領主の要請をうけ、天皇・朝廷の支持のもとに、キリシタンへの教化にあたっていった。しかし排耶僧たちは、キリシタンを宗教の問題として克服することをある意味では回避し、「国家の敵」を排除することにすりかえてしまった。この点についてケンペルは、次のように指摘している。

それというのも切支丹は、道理を説いても改宗せず、これを諭すには剣と絞首索と焙り火を以てするより他に手がなかったからである。しかし切支丹の信仰は篤く、いかなる圧迫にも怯まなかった。切支丹があらゆる屈辱を忍び、磔刑を惧れず、殉教に堪え、飽くまでも異教を受けつけず、切支丹の名誉にかけて絶対に節を守って信仰を変えない頑強さには驚くべきものがあった。

このようにケンペルは、キリシタンを宗教のレベルにおいて克服する課題が未解決にされたままになっており、それゆえにキリシタンの弾圧は厳重にならざるをえなかったとしている。ここに幕藩制下におけるキリシタン禁制の苛酷な実施と、それを梃子とする厳重な宗教統制は、人々の宗教意識の発展を極端に封じこめるものとなり、人々は自らの宗教的救済を求めて苦闘せざるをえなくなるであろう。そしてこの宗教意識の抑圧の中心に、天皇・朝廷は位置していたのである。

あとがき

今から二〇年あまり前になるだろうか。当時、仏僧の排耶活動（キリシタンへの教化活動）について調べていたが、排耶僧たちの多くが、何らかの形で後水尾院と関わりを持っていることに興味を覚えた。後水尾院をめぐる仏僧については、辻善之助氏の古典的な研究があるが、辻氏の研究を仏僧の排耶活動の観点から捉え直していくと、天皇・朝廷が排耶活動に担った役割が明らかになっていくのではないだろうか、と考えるに至った。

その後、キリシタンと天皇・朝廷との関係について研究を続けていたが、五年ほど前に、一九九二年一月に亡くなられた海老澤有道先生の門下生で論文集をまとめる話が持ちあがった。その出版を、当時雄山閣出版の芳賀章内氏にお世話になった。その時に芳賀氏から、「天皇とキリシタン」についてまとめてみないかというお勧めをいただいた。今回、本書を上梓できるのは、ひとえに芳賀氏のご好意によっている。また厳しい出版事情の中で、刊行に際してご尽力いただいた雄山閣出版の佐野昭吉氏や、校正でひとかたならぬお世話になった富士デザインの小坂恵美子氏に記して感謝の意を表したい。そして、索引作成を引き受けてくれた夫吉武佳一郎にも感謝したいと思う。

二〇〇〇年二月

村井早苗

◇参考文献◇

《史料》

『天草島鏡』（上田宜珍著、天草町、一九一三）
『イエズス会日本年報』下（村上直次郎訳、柳谷武夫編輯、雄松堂書店、一九六九）
「イエズス会年報」（村上直次郎訳『キリシタン研究』第十二輯、吉川弘文館、一九六七）
『異国往復書翰集』（雄松堂書店、一九二九）
『江川喜兵衛手記』（松浦史料博物館所蔵『平戸之光』三九、一九四〇）
『桜翁雑録』（市立臼杵図書館所蔵）
『キリシタン書・排耶書』（海老澤有道他、岩波書店、一九七〇）
「契利斯督記」（『続々群書類従　一二　宗教部』）
『元和五・六年度の耶蘇会年報』（浦川和三郎訳、東洋堂、一九四四）
「コーロス徴収文書」（松田毅一『南蛮史料の研究』風間書房、一九六七）
『島原日記』（東京大学附属図書館所蔵）
『十六・七世紀イエズス会日本報告集』第Ⅰ期第１・３巻（松田毅一監訳、同朋舎、一九八七・八八）
『鈴木正三道人全集』（鈴木鉄心編、山喜房仏書林、一九六二）

『雪窓和尚行状』（賢巌禅悦、市立臼杵図書館所蔵）
『正宗寺旧記』（松浦史料博物館所蔵）
『聖フランシスコ・ザビエル全書簡』（河野純徳、平凡社、一九八五）
『増補藩臣譜略』（松浦史料博物館所蔵）
『大梁興宗禅師年譜』（東京大学史料編纂所転写本）
『沢庵和尚書簡集』（辻善之助編注、岩波書店、一九四二）
『多福行由』（大桑斉「雪窓宗崔伝の史料的検討」『大谷学報』五九―一、一九七九）
『富岡首塚其他碑文』
『長崎オランダ商館の日記』（村上直次郎訳、岩波書店、一九五六〜五八）
『長崎平戸町人別帳』（『九州史料叢書』三七、九州史料刊行会、一九六五）
『日本切支丹宗門史』上・中・下（レオン・パジェス著、吉田小五郎訳、岩波書店、一九三六・一九四〇）
『日本誌』（エンゲルベルト・ケンペル著、今井正訳、霞ケ関出版、一九七三）
『日本巡察記』（ヴァリニャーノ著、松田毅一訳、平凡社、一九七三）
『日本洞上聯燈録』巻一一
『能仁草創記並雑記』（熊本市花園町柿原霊松山天福寺所蔵）
『平戸オランダ商館の日記』（永積洋子訳、岩波書店、一九六九・一九七〇）

『フロイス日本史』一～五（ルイス・フロイス著、松田毅一・川崎桃太訳、中央公論社、一九七七～七八）
『豊後切支丹史料』（マリオ・マレガ、サレジオ会、一九四二）
『北方探検記』（H・チースリク、吉川弘文館、一九六二）
『豊鐘善鳴録』（直入郡史談会、一九三四）
『耶蘇会士日本通信』上巻（村上直次郎訳、渡邊世祐註、雄松堂書店、一九二七）

《著書》

姉埼正治『切支丹宗門の迫害と潜伏』（同文館、一九二五）
姉埼正治『切支丹伝道の興廃』（同文館、一九三〇）
今枝愛真『禅宗の歴史』（至文堂、一九六二）
今谷　明『室町の王権』（中央公論社、一九九〇）
今谷　明『戦国大名と天皇』（福武書店、一九九二）
今谷　明『信長と天皇』（講談社、一九九二）
今谷　明『天皇と天下人』（新人物往来社、一九九三）
海老澤有道『切支丹の社会活動及南蛮医学』（冨山房、一九四四）
海老澤有道『地方切支丹の発掘』（柏書房、一九七六）

大桑　斉『寺檀の思想』（教育社、一九七九）
岡部狷介編『史都平戸—年表と史談—』（松浦史料博物館、一九六二）
川上孤山著・荻須純道補述『増補妙心寺史』（思文閣、一九七五）
岸野　久『西欧人の日本発見』（吉川弘文館、一九八九）
北島万次『豊臣政権の対外認識と朝鮮侵略』（校倉書房、一九九〇）
古賀十二郎校訂『長崎志正編』（長崎文庫刊行会、一九二八）
五野井隆史『徳川初期キリシタン史の研究』（吉川弘文館、一九八三）
五野井隆史『日本キリスト教史』（吉川弘文館、一九九〇）
杉山　博『庄園解体過程の研究』（東京大学出版会、一九五九）
鈴木泰山『禅宗の地方発展』（畝傍書房、一九四二）
千宗室監修・加藤正俊著『百人の禅僧』（淡交社、一九七九）
千宗室監修・永島福太郎著『茶人の消息』（淡交社、一九七九）
千宗室監修・村井康彦著『茶道史』（淡交社、一九八〇）
辻善之助『日本仏教史　第八巻　近世篇之二』（岩波書店、一九五三）
津田三郎『秀吉の悲劇』（ＰＨＰ、一九八九）
西垣晴次『ええじゃないか—民衆運動の系譜—』（新人物往来社、一九七三）
服部敏良『室町安土桃山時代医学史の研究』（吉川弘文館、一九七一）

葉山万次郎談『平戸の対外貿易時代の話』（松浦史料博物館、一九六一）
原　清節『普現寺略史』（一九四一）
H・チースリク『世界を歩いた切支丹』（春秋社、一九七一）
松田唯雄『天草近代年譜』（みくに社、一九四七）
三間文五郎編『平戸藩史考』（一九三六）
村井早苗『幕藩制成立とキリシタン禁制』（文献出版、一九八七）
村井康彦『茶人の系譜―利休から天心まで―』（大阪書籍、一九八三）
矢動丸広『平戸史話』（教文館、一九五四）
ヨーゼフ・クライナー編『ケンペルのみた日本』（NHK、一九九六）
読売新聞社編『茶人物語』（淡交社、一九六八）

《刊行物》

『後水尾天皇とその周辺―江戸初期の宮廷文化―』（根津美術館、一九六五）
『品川区史　通史編　上巻』（一九七三）
『長崎市史　地誌編　仏寺部上』（一九三八）
『日本仏教史Ⅳ　近世・近代篇』（法蔵館、一九六七）
『鶴崎町史』（鶴崎町）

『平戸市史』（一九六七）

《論文》

朝尾直弘「将軍政治の権力構造」（新『岩波講座日本歴史10　近世編2』一九七五）
海老澤有道「ヤジロウ考」（『増訂切支丹史の研究』新人物往来社、一九七一）
海老澤有道「豊臣秀吉の日本神国観―キリシタン禁制をめぐって―」（国際基督教大学『社会科学ジャーナル』一七、一九七九）
大桑　斉「天正寺の創建・中絶から大仏造営へ」（『大谷学報』六三―二、一九八三）
大鳥蘭三郎「曲直瀬一渓道三の入信問題に就て」（『日本医史学雑誌』一三〇七、一九四二）
岡田章雄「いわゆる『南蛮誓詞』についての一考察」（基督教史学会編『切支丹論叢』小宮山書店、一九五三）
岡部狷介「正宗寺の二大墓碑」（『平戸史談』四、一九七五）
久多羅木儀一郎「鶴崎地方の潜伏キリシタン」（『大分県地方史』二四、一九六〇）
倉地克直「鈴木正三の思想―幕藩制成立と支配思想についての一つの試み―」（『日本史研究』一五五、一九七五）
近藤義英「浮橋主水一件」（『平戸史談』二、一九七三）
清水紘一「天正十四年の布教許可状をめぐって」（『中央大学論集』一〇、一九八九）

J.L.Alvarez-Taradriz著・佐久間正訳「十六・七世紀の日本における国是とキリシタン迫害」（『キリシタン研究』第十三輯、吉川弘文館、一九七〇）
永島福太郎「大徳寺と茶道」（『大徳寺と茶道』淡交社、一九七二）
芳賀幸四郎「茶の湯の歴史」（『わび茶の研究』淡交社、一九七八）
平田加津美「近世初期における柳営茶道」（『史窓』二七、一九六九）
藤井讓治「慶長十一年キリシタン禁制の一史料」（『福井県史研究』一五、一九九七）
船岡　誠「紫衣事件と沢庵宗彭」（『駿台史学』三四、一九七四）
古田紹欽「日本禅宗史―臨済宗―」（『講座禅　第四巻　禅の歴史―日本―』筑摩書房、一九六七）
前田雅之「今昔物語集の〈神〉」（『東京女学館短期大学紀要』一一、一九八九）
三浦周行「朝山日乗と其時代一―五」（『芸文』六ノ一―五、一九一五）
三鬼清一郎「豊国社の造営に関する一考察」（『名古屋大学文学部研究論集』XCⅧ史学三三、一九六七）
三鬼清一郎「戦国・近世初期の天皇・朝廷をめぐって」（『歴史評論』四九二・一九九一）
宮本義己「曲直瀬一渓道三と足利義輝」（『日本歴史』三五〇、一九七七）
宮本義己「曲直瀬一渓道三と茶道一―三」（『茶道雑誌』三五―八～一〇）
村井早苗「豊臣秀吉夫人とキリシタン」（『日本女性の歴史　文化と思想』角川書店、一九九三）
村井早苗「キリシタンの『天皇観』」（『講座　前近代の天皇』第五巻、青木書店、一九九五）
山口啓二「藩体制の成立」（旧『岩波講座日本歴史10近世2』一九七五）

ヨゼフ・シュッテ「元和三年（一六一七年）に於ける日本キリシタンの主な集団とその民間指導者」（『キリシタン研究』第四輯、吉川弘文館、一九五七）
若木太一「鈴木正三の思想と教化―島原天草の乱その後―」（『語文研究』第三一、三二合併号）
若木太一「鈴木正三門人雲歩と恵中の伝記的研究（上）・（下）」（『鹿児島県立短期大学紀要』二三・二四号、一九七二、一九七四）
渡辺良次郎「沢庵宗彭と茶道」（『国学院高等学校紀要』一四、一九七二）

事項索引

[あ]

[か]

[さ]

［た］

［な］

人名索引

［あ］

［か］

［さ］

［た］

◇著者略歴◇
村井早苗（むらい　さなえ）
1946年東京都生まれ
1969年日本女子大学文学部史学科卒業
1974年立教大学大学院文学研究科史学専攻修士課程修了
1981年立教大学大学院文学研究科日本史専攻博士課程単位取得退学
日本女子大学・立教大学等非常勤講師を歴任
現在　日本女子大学文学部史学科助教授
主要著書　『幕藩制成立とキリシタン禁制』（文献出版、1987年）
『キリシタン史の新発見』（共編著、雄山閣出版、1996年）ほか

天皇《てんのう》とキリシタン禁制《きんせい》
「キリシタンの世紀」における権力闘争の構図

印刷　2000年4月5日
発行　2000年4月20日

検印省略

著者　村井早苗
発行者　長坂慶子
発行所　雄山閣出版株式会社
住所　東京都千代田区富士見2-6-9
TEL03(3262)3231　FAX03(3262)6938
振替　00130-5-1685
本文組版　株式会社富士デザイン
本文印刷　モリモト印刷株式会社
カバー印刷　永和印刷株式会社
製本　協栄製本株式会社

乱丁落丁は小社にてお取替えいたします

ISBN4-639-01676-X C1021